너와 함께
영광여행

시작하는 글

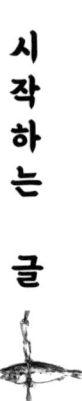

편안한 옷과 신발 그리고 비상금을 챙기셨나요?
그럼 저와 함께 영광여행을 떠나 보실까요?

영광과의 인연은 낙월도에서 시작되었다. 낙월도에서 가져온 새우젓은 너무 맛이 좋아 먹을 때마다 그곳을 떠오르게 했고 그래서 낙월도가 궁금해졌다. 낙월도에 관한 관심의 끈은 송이도와 안마도로 이끌었다. 이렇게 영광을 드나들면서 점점 영광이 보였다. 영광이 알고 싶어 도서관에서 영광 관련 책을 찾아보았는데 영광만을 소개한 단행본이 없다는 것을 알고 놀랐다. 전라도를 소개한 책 안에 영광은 굴비의 고장이라는 설명이 전부였다. 그렇다. 영광은 그동안 이렇게 잘도 숨어있었던 것이다. 나는 영광을 세상에 널리 알리고 싶어 영광여행 책을 쓰기로 결정했다. 여행 책은 발로 쓴다고 생각하기 때문에 해가 떠오를 때부터 해가 질 때까지 영광을 구석구석 부지런히 다녔다.

바닷물이 만조일 때와 간조일 때가 다르고 낮과 밤 풍경이 다르니 같은 장소를 여러 번 가고 또 갔다. 굴비는 왜 영광이 유명한지. 배를 타고 참조기를 잡았다는 칠산바다에 나가 칠산도를 돌아보았다. 해뜨기 전에 열리는 조기 위판장도 갔다. 법성포에 조창이 있어 세곡을 지키기 위해 성을 쌓았다는 법성진성에 올라가 보고 영광대교 아래로 난 오솔길을 걸었다. 염산은 어떻게 미네랄이 풍부한 천일염을 만들 수 있는지 궁금해 염전 회사에 찾아가 배우고 몸에 좋은 소금을 만들어 주는 두우리 해변을 걸었다. 영광은 왜 보리산업 특구일까 궁금해 들로 나가 보리를 만나고 청보리를 먹은 소고기를 먹어보고 보리로 막걸리를 만드는 공장에서 보리 이야기를 듣고 맛도 보았다. 청보리를 먹은 젖소의 우유로 만든 치즈 체험은 얼마나 신기하고 맛이 좋았던지. 마을을 다니다가 만난 고택은 조선시대로 돌아간 듯 시간여행을 했고 내산서원에서 만난 강항선생 앞에서는 포로생활의 안타까움에 눈물짓기도 했다. 어느 날은 마라난타 존자의 발자취를 따라 백제불교 최초도래지, 연흥사, 불갑사를 가 보았다. 우리나라 4대 종교 유적지가 있는 원불교 영산성지, 영광순교자기념성당과 염산교회, 야월교회로 향했다. 영광은 바다, 산, 들, 강이 고루 풍요롭고 넉넉한 인심까지 버무려져 굴비를 비롯하여 맛있는 음식도 많고 가는 곳마다 흥미로운 이야기로 가득했다. 영광에서 신기했던 것 중 하나는 해가 질 무렵이면 내가 어디에 있든 세상을 물들이는 노을을 볼 수 있다는 것이었다. 그래서 답답한 고층 빌딩 사이에서 서울살이를 하는 나에게 영광은 붉은 노을로 기억되는 아름다운 여행이다.

양소희 여행작가

CONTENTS

PART1. 영광 지역여행

북부여행
법성면, 홍농읍

11	백제불교최초도래지
19	숲쟁이공원&법성진성
25	법성항
29	곡우사리 영광굴비축제
33	영광군수협 선어위판장
39	영광굴비홍보전시관
43	미르낙농 체험목장
47	영광승마장
53	성산리지석묘
57	신지애
61	가마미해수욕장
63	가마미 아쿠아월드
65	계마항
69	숲쟁이꽃동산

중부여행
백수읍, 영광읍, 대마면, 군서면

75	백수해안도로
85	영광대교
89	영광CC
93	원불교 영산성지&국제마음훈련원
97	우리 삶 문화 옥당박물관
101	영광순교자기념성당
105	물무산 행복숲
109	영광향교
113	영광 신호준 가옥
121	임진수성사
125	영광5일장
128	에콜리안 영광CC
130	보리홍보체험관
132	농업기술센터 민속유물관
134	영광 군서 회화나무

남부여행
염산면, 낙월면, 군남면, 불갑면, 묘량면

141	영광 천일염전
148	백바위 해변
151	야월교회
155	설도항
159	염산교회
163	칠산타워
165	향화도항
167	낙월도
173	송이도
179	안마도
185	불갑사
190	영광불갑산 상사화축제
195	불갑저수지수변공원
199	수은강항 내산서원
203	영광 매간당 고택
210	연흥사
212	지내들 옹기돌탑공원
215	영광 이규헌 가옥
220	영광 묘장영당

PART2. 테마로 만나는 영광

226	영광의 4대종교
228	영광의 섬 여행
230	영광의 축제
232	영광의 볼거리
238	영광의 맛
242	영광의 살거리
246	영광의 산
248	조선시대 건축여행

별책 부록

252	영광군 찾아가는 길
254	모범 음식점
255	추천 숙소
258	영광군 지도

"이건 비밀인데요. 빈둥거리듯
시간여유를 가지고 떠나면 우연한 일들이
여행의 재미를 더해 준답니다."

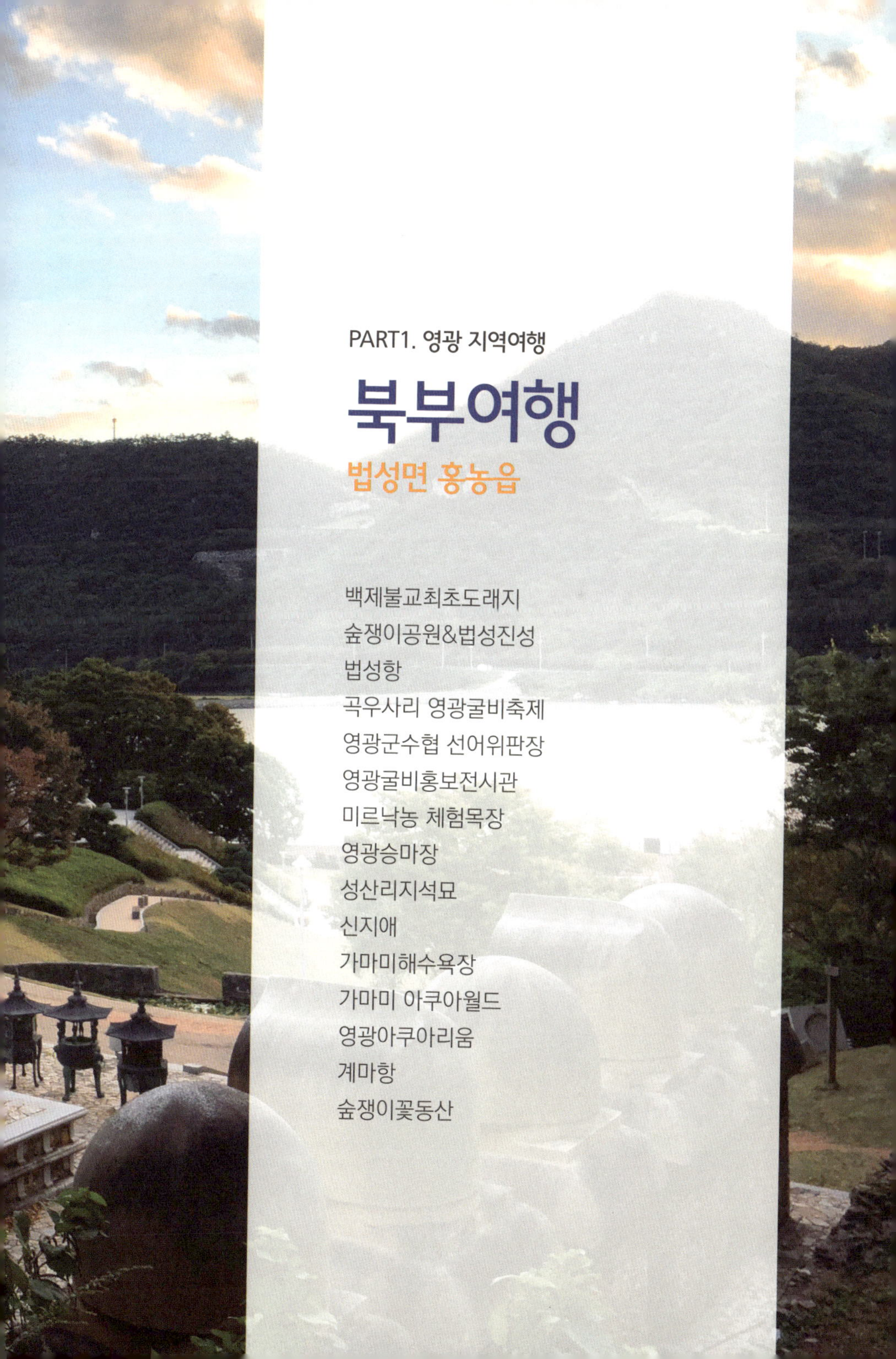

PART1. 영광 지역여행

북부여행
법성면 홍농읍

백제불교최초도래지
숲쟁이공원&법성진성
법성항
곡우사리 영광굴비축제
영광군수협 선어위판장
영광굴비홍보전시관
미르낙농 체험목장
영광승마장
성산리지석묘
신지애
가마미해수욕장
가마미 아쿠아월드
영광아쿠아리움
계마항
숲쟁이꽃동산

영광 지역여행

북부여행
법성면 홍농읍

넓은 광장에는 아쇼카 왕의 석주가 우뚝 솟아있다. 대략 15m 높이의 흰 기둥 위에 앉아있는 사자 한 마리가 인상적이다. 아쇼카 왕은 불교 성지순례를 하면서 가는 곳마다 사자의 용맹으로 부처님과 불법을 보호한다는 의미로 석주를 세웠다고 한다.

마라난타 존자가 첫 발을 내디딘 곳
백제불교 최초도래지

법성포의 '법(法)'은 불교를, '성(聖)'은 성인인 마라난타 존자를 뜻한다. 서기 384년 중국 동진을 거쳐 백제에 불교를 전하기 위해 인도승려 마라난타가 첫발을 내디딘 장소가 바로 법성포다.

일주문의 역할을 하는 문루부터 예사롭지 않다. 납작한 돌을 켜켜이 쌓아 올린 형태다. 우리나라의 일반적인 사찰과 달리 간다라 양식으로 지어져 이색적이다. 마라난타가 동진을 거쳐 전한 백제불교가 간다라 양식이었기 때문에 전래된 시대를 반영해 전국 어디에서도 볼 수 없는 특별한 불교 성지가 되었다. 일주문을 지나 만다라 광장 안으로 걸어 들어가면 왼편으로 간다라 유물전시관이 있다. 제일 먼저 관람해도 좋고 탑원과 부용루 그리고 사면대불을 돌아본 후에 마지막으로 나가는 길에 둘러보아도 좋다.

그러나 눈 닿는 곳마다 낯설게 느껴지는 조형물들을 깊이 있게 들여다 보고 싶다면, 유물전시관에 먼저 들러보길 권한다. 간다라 유물전시관에는 간다라에서 중국, 고구려, 백제, 신라, 일본에 불교가 전해진 과정과 간다라 지역에서 출토된 유물들을 볼 수 있다. 모두 파키스탄 대사관의 협조를 얻어 건너온 것으로 2~5세기경 만들어진 것들이다. 전시된 불상들은 두 가지 특징이 있다. 하나는 불상의 용모가 서구인처럼 보이는 것과 팔과 다리 등 온전한 것이 없다는 점이다. 불상의 용모가 서구인처럼 보이는 까닭을 설명하려면 알렉산더 대왕과 헬레니즘에 대해 먼저 이야기해야 한다. 인도에 속했던 간다라 지역은 오늘날 파키스탄 북서부 지역으로 과거 스와트, 탁실라, 페샤와르 지역이다. 동방원정을 이룬 알렉산더 대왕은 그리스 문화와 각 지역의 문화가 융합되어 헬레니즘 문화정책을 펼쳤다. 이로 인해 동서 문화의 교류와 융합으로 이루어진 새로운 예술 양식의 간다라 미술이 탄생하게 된다. 불상의 모습이 그리스 헬레니즘 양식으로 조각되고 부처님의 일대기를 그리스 신화처럼 이야기 양식으로 조각한 것은 그러한 연유에서다. 관람 중에 궁금증이 생긴다면 내부에 상주하는 해설사가 친절히 설명해준다. 이제 밖으로 나오면 아까 본 풍경이 달리 보인다. 전시관 왼편에 자리한 탑원으로 먼저 걸음을 옮겨보자. 불탑과 감실형 불당으로 구성되어 있는 탑원은 간다라 사원 양식의 대표적이고 전형적인 형태다. 감실형 불당이란 불상과 소탑을 봉안하는 곳. 소탑, 중탑, 여래입상, 승려상, 불법에 관한 스토리가 있는 부조, 보살좌상 등이 봉안되어 있다. 천천히 탑원을 돌면서 소원을 빌어보자.

> **TIP** 간다라 미술양식은 고대 인도 북서부 간다라 지방, 지금의 파키스탄 페샤와르에서 발달한 불교 미술양식이다.

입구에서 가장 안쪽에 자리한 탑원에서 다시 중심부로 이동하면 만다라 광장에 이른다. 광장 중앙에는 보리수나무가 고고한 모습으로 서 있다. 백양사 대웅전 앞에 있던 나무를 기증받아 심었다고 한다. 광장은 108계단을 통해 높이 23.7m의 사면대불로 이어진다. 시작점에 부처님 발자국 모양이 찍힌 불족적이 있고 부용루를 지나 108계단을 올라가면 그 끝에 인자한 표정의 사면대불이 있다. 계단을 올라가는 걸음걸음마다 108 번뇌를 하나하나 떨치면서 부처님과의 만남에 이르게 된다. 사면대불은 아미타불을 주존불로 좌우에 관음보살, 세지보살 그리고 마라난타 존자가 부처님을 받드는 모습이 있다.

계단 중간에는 부용루가 있어 잠시 쉼을 제공한다. 부용루 벽면을 하나하나 음미해보자. 2007년 석장(석공예가)으로는 최초로 중요 무형문화재로 지정된 이재순 장인이 부처님의 일대기를 23면에 걸쳐 부조로 표현했다. 석가모니의 출생부터 고행의 순간이 잘 담겨 있다. 특히 고행하는 석가모니 석조물은 움푹하게 꺼진 뱃가죽과 도드라지는 갈비뼈, 뼈 위로 드러난 핏줄 등 고통의 순간을 섬세하게 표현해냈다. 부용루는 근사한 전망대이기도 하다. 멀리 칠산 앞바다까지 탁 트인 시야가 마음까지 넓혀준다. 마라난타가 배를 타고 이곳으로 들어오는 상상을 해보게 하는 멋진 풍경이다.

주소 전라남도 영광군 법성면 백제문화로 203
문의 061-350-5999
홈페이지 tour.yeonggwang.go.kr

아는 만큼 보여요

POINT ✓ 마라난타의 길

마라난타는 간다라를 출발하여 길기트, 훈자, 쿠차, 둔황을 거쳐 동진 효무제 (373~396) 때 중국에 도착하였다. 그는 서역의 실크로드 북로를 거쳐 중국에 왔으며, 동진 중기 이후의 중국 불교교단 확립에 기여한 후, 해로를 통하여 백제에 불교를 전파하였다. 그는 계(戒: 불교 도덕)의 실천과 서방 극락정토 왕생을 통한 해탈성불을 추구하는 아미타불 정토신앙을 전파하기 위하여 노력하였으며, 신통력이 뛰어나서 모든 역경을 이겨내고 인연 닿는 곳은 가지 않는 곳이 없을 정도로 열정적인 불교 전법의 신승(神僧)이었다.

> **TIP**
>
> **승강기 설치로 접근성이 좋아졌다**
> 백제불교 최초도래지 뒤편 주차장에 있는 20인승 엘리베이터를 이용하면 정상에 있는 사면대불까지 바로 올라간다. 계단을 오르기 힘든 사람들에게 고마운 시설이다. 또한 법성포 뉴타운에서 백제불교최초도래지로 가는 여행자들에게 접근성이 좋아졌다.

POINT ✓
백제 불교가 영광에서 시작되었다는 근거는 무엇일까?

우리나라는 삼국시대에 불교가 전해졌다. 고구려(소수림왕 2년 전진의왕 부견)와 신라(눌지 마립간때 묵호자)의 경우는 불교의 전래경로와 초전 법륜지가 분명하나 백제불교의 전래는 인도의 승려 마라난타로만 알려져 있다. 김부식이 쓴 삼국사기에는 다음과 같은 기록이 남아있다.

"백제 침류왕이 즉위한 384년 9월에 호승 마라난타가 진나라에서 왔다.
왕이 그를 맞이하여 궁궐 안으로 모셔 예우하고 공경하니 불교가 이로부터 시작되었다."

삼국유사(권 3)에도 비슷한 내용이 실려 있다. 인도의 명승 마라난타 존자가 영광의 법성포로 들어와 불법을 전하고 불갑사를 개창하여 백제 불교가 시작되었다는 것은 구전되어 왔다. 그러나 법성포는 백제시대부터 중국과의 교류가 빈번했던 국제항이었다. 중국과의 뱃길이 몇 안 되는 상황에서 마라난타가 백제로 들어오는 경로가 법성포가 아니라고 부정할 수 없다. 법성포 지명은 아무포에서 부용포로 바뀌었다가 법성포가 되었는데 법성포의 옛 이름(舊名)인 아무포(阿無浦)는 나무아미타불에서 유래되었고 부용포(芙蓉浦)란 말도 불교를 의미하는 꽃, 연꽃에서 온 말이며 법성포의 법(法)은 불교를, 성(聖)은 성인인 마라난타를 뜻한다. 영광이라는 지명도 '깨달음의 빛'이라는 뜻으로 불교적 의미로 해석할 수 있다. 모두 불교와 인연이 있는 말들이다. 진내리에 있는 불두를 마라난타가 진나라에서 가져온 불상 중 일부라고 보는 전설이 있고 불갑사 역시 초전 불교지로 보고 있으며 불갑사 대웅전 용마루 보주는 인도 불교 양식을 보여주고 있다. 나주시에 있는 불회사 상량문에 마라난타가 불갑사를 개창했다는 내용이 적혀있다. 그 밖에도 여러 자료들이 마라난타가 법성포를 통해 들어왔음을 설명해 주고 있다. 1998년 영광군은 학술 고증(동국대학교)을 통하여 영광 땅이 백제불교의 최초도래지라는 사실을 밝혀내게 되었고 백제불교최초도래지는 2006년 법성포에 세워졌다.

서해안 유일의 단오제가 열리는
숲쟁이공원&법성진성

숲쟁이공원은 칠산바다에서 불어오는 북서풍을 막아 겨울에는 찬바람으로부터 마을을 지켜주고 여름에는 뜨거운 바람을 식혀 보내주는 고마운 숲이다. 그 가치를 이 곳 사람들은 잘 알고 있는 까닭에 오랜 세월 모진 풍파에도 숲이 훼손되지 않고 곱게 지켜졌다. 법성 사람들은 숲쟁이공원을 신성한 터로 여겨 소중히 가꿔왔다. 법성에서는 초상이 나면 상여가 숲쟁이공원을 지나갈 수 없어 진내리 모퉁이로 돌아 산을 넘어가서 장례를 지냈다. 현재 숲쟁이공원은 홍농 방향에서 법성포로 연결된 842번 지방도로가 둘로 나눠져 있지만 원래는 하나의 숲이었다. 법성지역은 소가 물속에 누워있는 수중와우형인데 예로부터 이 지역에서 큰 인물이 나올 거라는 소문이 있어 일본사람들이 소의 허리 부분인 숲쟁이공원을 두 동강 내어 허리를 못 쓰게 했다는 이야기가 전해 온다. 그래서 지금은 두 곳을 잇는 부용교를 길 위로 만들어 동서의 맥을 하나로 이어주고 있다.

숲쟁이공원 안으로 들어가면 커다란 그네가 말을 걸어온다. 이곳은 서해안 유일의 단오제가 지금도 열리고 있으니 단오제에 꼭 오라고 초대하는 듯하다. 이곳에서 열리는 영광 법성포단오제는 500년을 이어오는 역사 깊은 민속축제이다. 국가중요무형문화재 제123호로 지정된 축제로 숲쟁이전국국악경연대회를 비롯하여 그네뛰기, 투호, 단오씨름 장사 등이 펼쳐진다. 숲쟁이공원은 비스듬한 경사에 느티나무들이 그늘을 만들고 있어 마치 공연을 보기위해 만들어 놓은 무대 같다. 숲 사이를 걸으면 높이가 20m쯤 되는 나무들이 공간을 감싸서 보호해주는 듯 아늑한 느낌이 든다. 이곳에서 자라는 느티나무의 수령은 100년에서부터 400년까지 다양하다. 우리나라에서 느티나무는 마을을 지켜주는 신목(神木) 또는 당산목(堂山木)으로 보호를 받는 나무이다. 그런데 이곳은 한 그루가 아니라 100여 그루가 지켜주고 있으니 얼마나 든든한 기운의 땅인가 절로 감탄이 나온다.

느티나무로 이루어진 숲을 따라 올라가면 법성포구를 내려다보는 언덕에 법성진성이 있다. 이곳에는 온전히 반듯하게 서 있는 나무는 하나도 없고 모두 한 방향으로 휘어져 있다. 긴 세월 동안 차가운 북서풍을 온몸으로 막아왔던 흔적이다. 법성진성 위로 올라서니 발아래로 포구와 서해바다가 어우러져 아름답고 조용한 풍경이 펼쳐진다. 성을 쌓았던 돌들을 찬찬히 살펴보니 외벽에 돌을 쌓아 올리고 그 안으로 자잘한 돌과 흙을 섞어 채워 넣었다. 성벽에는 성을 쌓는 데 힘을 보탠 전라도 관내의 군현과 쌓은 척(尺), 감관(監官), 도색(都色) 등의 이름이 새겨져 있다. 법성진성은 보존상태가 양호해 조선시대의 진성을 연구하는 역사자료가 되고 있다.

문의 1588-0950
홈페이지 tour.yeonggwang.go.kr(영광 문화관광)

ZOOM IN

법성진성

법성진은 조선시대 조창을 방비하기 위해 수군이 주둔했던 지역으로 조선조 중종 9년(1514)에 법성진성(鎭城)을 쌓았다. 둘레가 1688척이며 안에는 향교와 3개의 문루(동문, 서문, 홍문), 동조루(조세 검사장), 군기고, 진창, 환상고, 조복고, 빙허정, 복고창(현 파출소) 등 관이 건물이 즐비했고 우물이 둘 있었다고 한다. 그러나 동학, 임란 등 숱한 난을 겪어오는 동안 대부분 불타 없어지고 진내리 마을 뒤를 둘렀던 석성이 남아있다. 성을 쌓기 위해 동원된 인력, 높이 등 성벽에 새긴 글은 조선시대 진성을 연구하는데 귀중한 자료로 역사적 가치가 크다. 일부 유실된 구간도 있으나 전체적으로 보존상태가 좋은 편이다. 조선 수군진의 모습을 알 수 있는 등 역사 문화사적 가치를 인정받아 전라남도 기념물 제205호로 지정되었다. 숲쟁이 오른쪽으로 올라가면 진성의 흔적을 볼 수 있다.

TIP

이곳은 매점이 없다. 더운 여름날 방문한다면 물을 꼭 챙겨가자. 숲쟁이에서 법성진성으로 가는 길은 완만하지만 이곳을 방문하려면 편한 신발을 신고 가는 것이 좋다. 어린이를 동반한 여행자라면 진성 위로 올라가 뛰거나 위험한 행동은 하지 않도록 주의를 주어 안전사고를 예방하도록 하자.

천년의 포구
법성항

법성항은 서해가 육지 안쪽까지 깊숙이 들어와 있는 천혜의 항구로 백제시대부터 중국과의 왕래가 잦았던 국제무역항이었다. 백제에 불교를 최초로 전해준 인도의 승려 마라난타는 중국 절강성에서 배를 타고 법성항으로 들어왔다고 한다. 그래서 법성(法聖)이란 지명도 법(法)은 불법을, 성(聖)은 성인인 마라난타를 가리키고 있다. 현재 법성포 진내리에는 백제불교최초도래지를 조성해 마라난타가 동진하여 불교를 전래한 법성항을 기념하고 있다.

고려 초에는 법성에 조창(漕倉)이 개설되어 영광, 흥덕 등 12개 군의 세곡을 받아 저장했다. 고려 정종 원년(1305)에는 법성포창에 세곡 1천 섬을 실을 수 있는 초마선 1척과 각선 6척을 배치한다. 조선시대는 고려시대의 조창제도를 정비해서 운용하였다. 법성포창은 조선시대 초기에는 나주 영산창과 함께 전라도 2대 조창이었다. 정조 13년(1789) 영산창의 곡식까지 모두 이곳으로 옮기게 되면서 조선시대 말까지 28개 군현을 관할하는 우리나라 최대 규모의 조창이 된다. 조창을 방비하기 위해 법성진성을 쌓고 수군을 배치하게 된다. 1896년에 간행된 법성진지(法聖鎭誌)를 살펴보면 주민이 700여 호를 넘었으며 병선에 관계하는 군인이 250여 명에 이른다고 기록하고 있다.

법성항에서 세곡이 떠나면 봉화를 올려 출항을 알렸다. 영광 염산의 차음산 봉수대, 백수 백암산의 고도도(古道島) 봉수대, 홍농의 홍농산 봉수대 등이 차례로 봉화를 이어 서울까지 가서 조운선이 무사히 한양에 도착하는지 확인하였다. 법성항은 언제나 배들이 북적이는 곳이었지만 조기잡이가 한창인 봄철이면 칠산바다에 조기파시가 서면서 활기가 넘쳤다.

해마다 곡우(양력 4월 20일 경)가 되면 칠산 앞바다로 알이 꽉 차고 살이 찐 조기가 떼로 몰려왔기 때문이다. 이 때 잡은 최상품 참조기를 '곡우사리'라고 하는데 법성항에서는 곡우사리를 조상에게 올려 한 해의 풍년을 기원하는 '조기 신산제'를 지냈다.

서해 어디에서나 잡을 수 있는 조기가 왜 오래전부터 영광 법성포를 대표하는 생선이 됐을까? 그 이유는 곡우가 되면 칠산어장에서 최상품 참조기가 잡혔고 영광의 좋은 소금과 법성포의 해풍이 만나 최고의 맛을 자랑하는 영광굴비로 다시 태어났기 때문이다. 조기는 예로부터 우리나라에서 귀하게 대접받는 생선이었다. 임금님의 수라상에 올라 임금님의 용안을 마주하고 제사상에 제대로 자리를 잡은 후 사람들의 절을 받았던 생선이다. 조기는 우리나라 관혼상제(冠婚喪祭)에 빠져서는 안 될 생선이었다. 그것은 사람의 기운을 돕는 생선이라는 조기(助氣)의 의미 때문인 것 같다. 큰 조기는 손질해 제사상에 올리고 조금 작지만 싱싱한 조기는 탕을 끓이거나 잘 구워 밥상에 올린다. 너무 작아 먹을 수 없는 조기와 손질한 내장은 젓갈을 담았다. 참조기를 통째로 소금 간을 하여 절인 후 말리면 굴비라는 이름으로 불린다. 버릴 것이 하나도 없는 생선이다.

영광굴비가 한가득
곡우사리
영광굴비축제

영광을 여행하기에 가장 좋은 계절을 묻는다면, 선뜻 답하기 어렵다. 누군가는 상사화가 불갑사 주변을 붉게 물들이는 가을을 꼽을 것이고, 바닷가와 갯벌 체험이 가득한 여름을 손꼽는 이도 있을 것이다. 그러나 미식 여행, 특히나 영광굴비를 맛보기 위해서라면 4월에 떠나야만 한다. 법성포는 유채꽃이 흐드러지게 피는 4월이 다가오면 축제 준비로 분주해진다. 해마다 4월이면 굴비에 관한 전통을 계승하기 위해 곡우사리 영광굴비축제가 열리기 때문이다. 우리나라 최고의 굴비 고장답게 법성포 길가에는 귀한 굴비가 즐비하다. 다 세어 볼 수는 없으나 굴비를 판매하는 점포가 400여 개는 넘어 보인다. 축제 이름에 곡우(穀雨)가 들어가는 이유는 곡우가 되면 칠산 앞바다에 알이 꽉 차고 살이 오른 조기들이 몰려왔기 때문이다. 곡우는 음력 3월, 양력 4월 20일 경으로 24절기의 여섯 번째 절기이다.

청명(淸明)과 입하(立夏) 사이에 있는 곡우는 논에 못자리를 마련하며 본격적으로 농사철이 시작되는 절기다. 그래서 곡우는 봄비가 내려 곡식을 기름지게 한다는 뜻을 가지고 있다. 이 시기에 잡힌 조기를 곡우사리라 한다. 영광에서는 곡우사리로 한 해의 풍년을 기원하는 조기 신산제가 있었다. 영광군에서는 곡우 절기에 맞춰 곡우사리 영광굴비 축제를 열고 4월 20일을 '굴비 먹는 날'로 지정해 널리 알리고 있다. 축제장에 도착하기 전 법성면 초입부터 축제를 알리는 알록달록 입간판이 기대감을 부추긴다. 곡우사리 영광굴비축제는 탐스럽게 핀 노란색 유채꽃이 반겨주는 법성포 뉴타운에서 진행된다. 과거의 저잣거리를 재현한 축제장에서는 대부분의 프로그램이 굴비와 관련되어 있다. 축제는 관람만 하는 게 아니라 직접 참여하는 프로그램이 많다. '굴비축제'라는 이름에 맞게 굴비 무료시식, 굴비 구워먹기, 굴비 경매 등 맛난 굴비를 먹고 즐기는 시간은 웃음꽃이 피어난다. 사은품으로 굴비를 증정하기도 한다. 이 중 가장 인기 있는 프로그램은 굴비 엮기 대회이다. 굴비를 줄줄이 엮어내는 대회인데 단순해 보이지만 제대로 엮어 예쁜 모양을 만드는 건 생각보다 어렵다. 먹기만 해봤지 굴비를 엮어본 적 없는 탓에 눈치껏 요령을 배우며 굴비와 친해지는 시간이 된다. 이런 경험은 곡우사리영광굴비축제가 아니고는 어디서도 만나기 어려운 귀한 추억이다. 이외에도 영광의 특산품을 이용한 모시 송편 빚기, 치즈 만들기, 두부 만들기, 편백나무 피톤치드 등 다양한 체험 프로그램을 마련하고 있다.

행사장에서는 굴비를 시중 가격보다 저렴하게 구입할 수 있는 할인 판매장을 운영하고 있다. 축제기간에 맞춰 영광에 온다면 행사에 참여해 추억을 쌓고 맛있는 굴비도 저렴하게 구매할 수 있어 일석이조 여행이 된다.

주소 전라남도 영광군 법성면 법성포로3길 26-10
　　　(법성포 뉴타운 내 주민자치센터 일원)
문의 1899-0950(관광안내)

굴비가 된 이야기

영광과 인연을 맺은 굴비의 역사는 고려시대로 거슬러 올라간다. 고려 17대 인종(1126) 때 이자겸이 난을 일으켜 정주(지금의 영광)로 유배되었는데 조기는 먹어보았지만 말린 것은 처음 먹어 보는데 그 맛이 기막혔다. 이자겸은 소금에 절여 토굴에 돌로 눌러 놓았다가 바닷바람에 말린 참조기 맛에 반해 인종에게 진상하며 비굴(卑屈)하게 용서를 구하는 것이 아니라는 의미로 '굴비(屈非)'라는 이름을 붙여 보냈다. 이때부터 '굽히지 않겠다'는 의미의 굴비라는 이름으로 불렀다고 한다. 영광굴비는 유명해져 고려시대에는 중국 원나라에 진상했다는 기록이 남아있는 것으로 보아 영광굴비는 고려시대부터 임금 수라상에 올려진 것으로 보인다. 조기가 굴비라는 이름이 얻기 전에는 소금에 절인 조기를 엮어 매달면 자연스레 구부러지기 때문에 그 모양을 보고 '구비(仇非)조기'라고도 했다.

참조기 위판장
영광군수협 선어위판장

영광에 왔다면 굴비한정식을 반드시 맛보고 가야 한다. 식당마다 굴비와 함께 다양한 반찬이 한 상 가득 올라와 진수성찬, 임금님 밥상이 따로 없다. 보리와 함께 숙성시킨 보리 굴비와 굴비구이 그 외에도 고추장굴비 등 다양한 굴비요리가 올라온다. 굴비한정식으로 푸짐한 식사를 맛볼 수 있는 곳이 영광 법성포다.

영광굴비를 맛보니 영광굴비를 만드는 참조기가 궁금했다. 참조기를 잡는 시기는 9월부터 이듬해 2월까지. 여름철 금어기가 끝나면 가을부터 수많은 양의 참조기가 배를 타고 영광군 법성포 위판장으로 몰려온다.

일반인들은 위판장에서 참조기를 직접 살 수 없다. 그렇지만 굴비의 도시 영광에서만 볼 수 있는 참조기 현장이라 어스름 새벽에 조기 위판장이 열리는 영광군수협 종합물류센터로 향했다.

과거에는 영광군 칠산 바다에서 알이 꽉 찬 조기를 잡아 파시가 열리던 시절도 있었으나 지금은 제주도 추자도 연안에서 70%가량 잡힌다. 그런데 잡은 참조기를 제주나 목포가 아니라 굳이 영광군 법성포로 가져오는 이유가 있을까? 위판장에 나온 사람들에게 물으니 영광지역 굴비 가공업체가 800여 곳이 넘기 때문에 참조기 위판은 무조건 영광 법성포가 제일이라고 한다. 위판장에 들어서면 어마어마한 조기 물량에 입이 떡 벌어진다. 살면서 이렇게 많은 조기를 본 것은 처음이다. 배에서 내려온 조기들은 조기 분류 전용 선별기를 이용하여 크기에 따라 분류된 후 상자에 담기고 층층이 쌓여 위판을 기다린다. 조기는 단단한 어종들과는 달리 살이 부드러워 잘못 건드리면 바로 배가 터져 매우 조심스럽게 다뤄야 하는 어려움이 있다. 그래서 이곳에 있는 선별기는 민감한 조기에 맞도록 영광군 수협에서 특별히 의뢰해 만들었다고 한다. 상자를 쌓을 때도 얼음이나 박스에 살이 살짝이라도 닿으면 조기가 망가질 수도 있기 때문에 신경을 바짝 써야 한다. 상자마다 비닐을 덮어 놓은 이유도 조기 살이 다치지 않도록 조심하기 위해서다.

항구도시의 유명한 위판장 구경은 특별한 재미가 있다. 부산에서도 고등어 위판장에 가본 적이 있다. 조심스레 조기를 다루는 것과 달리 배에서 고등어를 쏟아붓듯이 내린다.

순식간에 사람들의 손을 거쳐 선별되고 나무상자에 툭툭 담긴다. 담긴 고등어는 경매를 위해 바닥에 쫙 깔린다. 생선의 특징이 다르니 위판장 풍경도 많이 다르다. 어스름 해가 나올 무렵부터 활기찬 하루를 시작하는 위판장 풍경은 삶이 무엇인지 생각해보게 하는 진솔한 매력이 있다. 이런 순간이 여행의 맛이기도 하다. 참조기 위판이 시작되면 물량이 아무리 많아도 약 1시간 이내에 판매가 완료된다. 여기서 판매된 조기들은 대부분 영광군 내에서 굴비로 만들어진다. 영광굴비로 변신하기 전 참조기를 가장 먼저 만나볼 수 있는 곳이 바로 영광군 법성포에 위치한 영광군수협 종합물류센터이다.

주소 전라남도 영광군 법성면 굴비로1길 112
문의 061-356-7971

아는 만큼 보여요

POINT 참조기란?

참조기는 산란기에 서식지를 옮기는 바닷물고기 어종으로 농어목 민어과에 속한다. 생김새는 아래턱이 위턱보다 조금 더 길고 몸이 옆으로 납작하며 긴 것이 특징이다. 몸과 등 쪽은 암회색을 띠지만 배 쪽은 희거나 황금색에 가깝다. 꼬리자루는 가늘고 길며 등지느러미 연조부와 뒷지느러미 테두리까지 비늘이 있다. 조기는 비늘이 많아서 풍요를 상징하는 물고기로 알려졌다. 참조기의 길이는 원래 30cm 내외였는데 최근에는 큰 개체는 찾기 힘들다. 15cm 이하의 개체는 잡지 못하도록 정해두었다. 서식지는 수심 40~200m의 바닥이 모래나 뻘로 되어 있는 연안이다. 겨울에는 남쪽으로 이동하여 겨울을 나고, 산란기인 봄(3월~6월)에 다시 북쪽으로 이동하여 알을 낳는 회유성 어종이다. 최근에는 제주도 남서해역에서 겨울을 나는 참조기를 대량으로 잡아 알을 낳기 위해 서해안으로 돌아오는 참조기 무리는 예전만큼 많지 않다. 먹이는 주로 새우류, 동물성 플랑크톤이며 작은 어류를 먹기도 한다. 참조기와 비슷한 종의 생선으로 수조기, 부세, 보구치(백조기), 흑조기, 민어조기 등이 있다.

TIP 좋은 굴비는 비늘이 잘 유지되어 있으며 눈이 선명한 검은색에, 눈 주변은 노란색을 띠는 것이다. 원기가 허해진 사람들을 돕는다는 의미의 '조기(助氣)'는 지방이 적고 단백질과 비타민이 풍부해 남녀노소에게 사랑받는 수산물이다.

POINT 5 할랄인증 받은 영광굴비

영광군 법성면 소재의 굴비가공기업인 미성영어조합법인이 한국 할랄인증원으로부터 2017년 국내 최초로 할랄인증을 받았다. 이번에 할랄인증을 획득한 미성영어조합법인은 미국, 캐나다 등에 영광굴비를 수출하고 있는 유일한 수출기업이면서 국내 최초로 할랄인증을 획득한 굴비가공 전문기업으로 이름을 알리게 되었다. 영광굴비가 가공식품으로의 안전성과 우수성을 세계적으로 인정받는 것으로도 의미가 크다고 할 수 있다. 영광굴비는 단백질과 칼슘, 인, 철분 등 무기질 성분을 골고루 함유하고 있어 영양분이 풍부한 식품으로 중동, 인도네시아 등 무슬림 시장에 수출이 기대된다. 우리나라 대표 특산품인 영광굴비가 프리미엄 식품으로 이미지를 형성하고 소비자 신뢰도 제고와 중동, 인도네시아 등 새로운 시장 진입으로 수출에 큰 도움이 될 것으로 기대된다. 참고로 할랄(HALAL)인증이란 아랍어로 '허락된 것'을 뜻하는 것으로 제품의 유통과 보관과정 등에 철저한 검증을 거쳐 무슬림이 먹거나 사용할 수 있도록 가공된 식품 등에 부여하는 인증마크로 전 세계 인구의 25%에 달하는 16억 무슬림 국가에 제품을 수출하기 위해선 반드시 인증마크를 획득해야 한다.

굴비에 관한 비밀이 알고 싶다면
영광굴비
홍보전시관

굴비는 한국 사람들에게 특별히 사랑받고 있는 음식 중 하나이다. 굴비 중에 최고라고 하면 누구든 영광굴비를 손꼽는다. 영광굴비는 맛으로 천년의 시간을 이어 온 소중한 역사이며 문화적으로도 큰 가치가 있다. 이런 굴비에 대해 자세히 알고 싶다면 영광굴비홍보전시관으로 가보자. 이곳은 영광법성포굴비 특품사업단이 농림수산부의 지원을 통해 만들어진 전시관으로 자녀와 함께 영광을 여행 중이라면 더욱 유익한 시간이 된다. 주차장에 도착하면 제일 먼저 건물 밖에 전시되어 있는 오래된 배가 시선을 끈다. 수많은 조기를 잡아 싣고 다니던 배다. 지금 법성을 여행하고 영광굴비홍보전시관에 들렀다면 통 믿어지지 않겠지만 조선시대에는 법성포에 전라도 유일의 대규모 조창이 있었다.

전라도 곳곳에서 오는 세곡선과 조기를 잡는 배들이 파시를 열면서 법성포로 들고 나는 배가 천여 척이 넘었다고 한다. 그래서 법성에는 배를 건조하고 수리하는 선소(船所)가 있어 많은 배를 만들어 냈다.

건물 내부로 들어가면 제일 먼저 반겨주는 커다란 영광굴비가 인상적이다. 로비에는 영광굴비에 관한 자료영상이 나오고 전시관으로 들어가면 영광굴비의 지난 역사와 전통에 대해 상세하게 알 수 있는 자료들이 기다리고 있다. 전시관 안에는 예전 법성포구에서 조기를 잡아 올리던 때의 모습을 재현해 놓은 것을 볼 수 있고 굴비 이야기를 웹툰으로 소개하고 있어 흥미롭다. 전국 최대 크기의 조기도 전시되어 있다.

영광굴비가 특별히 맛이 좋은 것은 조기를 굴비로 만드는 과정에 비밀이 있다. 그 중 하나인 과정이 섶간인데, 섶간이란 양쪽 아가미와 입, 몸통에 1~2년 보관해 간수를 충분히 뺀 천일염을 뿌려 수분을 빼고 간이 적당하게 배도록 하는 염장법이다.

그다음으로는 법성포로 불어오는 해풍으로 말리는데 섶간한 조기를 짚에 엮어 걸어 겨울철에 얼렸다 풀렸다 하면 속살이 노릇한 황금색으로 마르게 된다. 이 굴비를 오래도록 저장하기 위한 방법으로 통보리 항아리 속에 보관하여 숙성시키는 보리굴비가 있다. 보리굴비를 먹을 때는 쌀뜨물에 담갔다가 살짝 쪄서 먹으면 독특한 굴비 맛을 느낄 수 있다. 전시관에서는 맛있는 영광굴비를 만드는 재료인 천일염에 대해서도 소개하고 있는데 소금이 생산되는 작업 과정을 모형으로 만들어 남녀노소 쉽게 이해할 수 있다. 영광굴비에 담긴 역사와 유래, 생산과정과 참조기와 비슷한 종의 생선을 구분하는 방법 등 굴비에 관한 모든 것을 알게 되었다면 2층으로 가자. 2층에는 영광굴비 엮기 체험, 굴비 시식체험 등 체험활동을 할 수 있는 공간으로 준비되어 있다. 이 체험활동은 사전 예약을 통해서 참여 가능하고 준비된 영상과 설명을 들은 후 체험이 시작된다. 다른 곳에서는 좀처럼 찾아볼 수 없는 재밌는 경험이 된다.

주소 전라남도 영광군 법성면 연우로 47-7
문의 061-356-5657

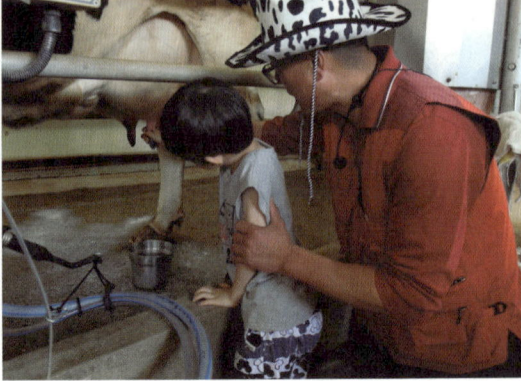

맛있고 재밌는 목장체험
미르낙농
체험목장

여행에 '맛'이 빠질 수 없다. 영광 하면 당연히 영광굴비가 으뜸이고, 그 뒤로 황토 갯벌에서 잡아 올린 민물장어와 백수 해안에서 잡은 백합과 맛조개, 서해안에서 즐겨 먹는 덕자찜, 청보리를 먹인 한우, 칠산 바다에서 잡아 올린 보리새우 등 무궁무진한 먹을거리가 영광여행을 즐겁게 한다. 여기에 또 하나를 추가해보자. 법성에 있는 미르낙농체험목장(이하 미르목장)이다. 갑자기 웬 낙농이냐 하겠지만 가족 여행자라면 맛있는 체험이 가능한 미르목장은 놓치면 아쉬운 숨은 여행지이기 때문이다.

서해의 바닷바람이 불어오는 야트막한 언덕에 자리하는 미르목장은 목가적인 풍경만으로도 힐링이 된다. 법성면이 한눈에 내려다보이는 미르목장은 봄이면 푸릇한 풀잎 향이 코끝에 맴돌고 여름에는 붉은 양귀비꽃이 피어 눈을 즐겁게 한다.

목장에 왔으니 젖소들과 인사부터 해야 한다. 체험장에 있던 송아지들은 아이들이 들어서자 미리 알고 얼굴부터 내민다. 한창 먹을 때인지 우유통을 다 내밀지도 않았는데 성격 급한 송아지들이 채근하듯 가까이 다가선다. 꿀꺽꿀꺽 우유통은 순식간에 한 통이 다 비워지고, 아이들은 그런 송아지들을 보는 것이 신기하기도 하고 귀엽기도 해 용기 있는 아이들은 슬쩍슬쩍 송아지들을 쓰다듬어 본다. 다 큰 젖소에게 건초를 주면 낙농체험 첫 단계를 성공적으로 마친 것이다.

그 옆으로 산양 체험장이 있다. 꼬꼬댁 우는 토종닭들은 덤이다. 제 차례를 기다리고 있던 닭에게도 모이를 주고 자유롭게 놀이터를 돌아다니는 산양에게도 건초를 내민다. 아이들은 저희들도 어리면서 조그맣고 어린 양이 유난히 귀여운지 올망졸망 모여 구경하기 바쁘다. 초원에 방목된 말을 타볼 수도 있다.

낙농체험이 단순한 먹이주기라면 미르목장을 반도 모르고 떠나는 것이나 다름없다. 이제 제대로 '맛'을 볼 차례다. 막 짠 신선한 우유를 먹는 것일까? 물론 우유도 맛봐야 한다. 10년이 넘게 꾸준히 청보리 사료를 먹여 구수하고 담백한 우유 맛이 일품이다.

목장에 있는 수수께끼 같은 건물은 우유를 활용한 유제품을 직접 만들어보는 체험장이다. 동화 속에서 막 튀어나온 듯한 오두막은 아이스크림 체험장이고 둥근 지붕이 인상적인 벽돌 건물은 치즈 체험장이다. 신선한 우유를 들고 아이스크림 체험장으로 먼저 향한다.

차가운 아이스크림을 만들기 위해서는 소금을 뿌린 얼음 위에 그릇을 놓는 것부터 시작이다. 그릇엔 우유로 만든 생크림과 요구르트가 들어 있다. 이를 열심히 저으면 아이스크림 완성! 젓느라 고생한 팔이 좀 아프긴 해도 일단 고소하면서도 시원한 아이스크림을 맛보면 그 수고가 아깝지 않다.

치즈 체험은 뜨거운 물에 담겨 있는 치즈를 쭉 늘려야 하기 때문에 삼삼오오 모여 함께 진행된다. 어디까지 늘어날 수 있는지 계속 늘려도 끊어질 듯 아슬아슬하게 치즈는 쭉쭉 잘도 늘어난다. 그렇게 만든 스트링 치즈는 고소하면서도 담백하고 깔끔한 뒷맛을 자랑한다. 직접 만들어서 그런지 더 맛있게 느껴진다. 이 외에도 직접 젖을 짜 보거나 피자 만들기, 수제 요구르트 만들기 등의 체험도 가능하다.

즐겁고 맛있는 체험에서 끝이 아니다. 모든 체험이 끝나면 직접 만들어본 유제품이 어떤 원리로 이렇게 만들어지는지 과학 원리에 대해서도 설명을 듣는다. 직접 체험해봤으니 머리에 쏙쏙 들어오는 공부 여행이 된다.

주소 전라남도 영광군 법성면 대덕길4길 40-22
문의 070-4222-0365

뻣뻣한 마음을 말랑말랑하게
영광승마장

말을 타고 달리는 장면은 영화 속에서나 보는 장면이다. 그렇지만 직접 말을 탈 수 있다면 그것처럼 신나는 경험도 없을 것이다. 말과 함께 호흡하고 말의 움직임에 따라 몸도 함께 움직이며 타는 승마는 신체의 자세교정과 유연성을 길러주는 전신운동이다. 승마를 배우면 말과의 정서적 교감을 통해 집중력을 높일 수 있고 동물을 사랑하는 마음도 함께 키울 수 있어 올바른 정신을 갖게 해 준다. 뿐만 아니라 심폐기능도 강화되고 다이어트에도 효과를 볼 수 있는 등 좋은 점이 수를 셀 수 없을 만큼 많다. 그렇지만 비용이 많이 들고 대부분 집과 먼 곳에 승마장이 있어 엄두를 내기 힘든 스포츠이다.

영광군 관광안내 지도를 보니 승마장이 있었다. 전화를 해서 영광승마장은 어떻게 운영되는지 알고 싶다고 안내를 부탁했다. 승마장 직원은 레슨이 많아 쉬는 시간에 와야 안내가 가능하다고 해서 쉬는 시간에 맞춰 승마장으로 갔다. 영광에서 비용이 많이 드는 승마를 하는 분들이 많다는 것이 믿어지지 않았다. 승마장에 도착해서 승마를 가르쳐주는 선생님의 안내를 받아 승마장의 말들과 시설을 돌아보았다. 홍농읍에 있는 영광승마장은 다양한 종류의 말을 보유하고 있다. 더러브렛 5필, 한라마 10필, 미니어쳐 2필 등 총 23필의 말이 있다. 말이 다양한 만큼 방문자들에게 딱 맞는 승마를 경험할 수 있다고 한다.

TIP 영광에서 승마를 배워보려면 우선 승마장에 연락해서 상담을 받고 약속시간을 안내 받아 방문하도록 하자.

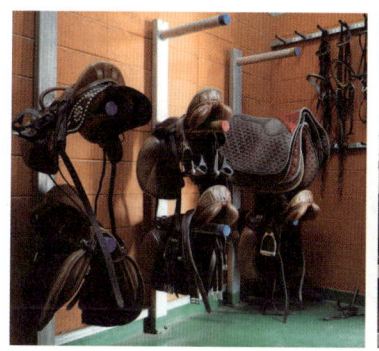 

대마장, 소마장, 방목장, 마방, 창고, 퇴비사, 사무실, 막구조 등으로 구성되어 있는 영광승마장은 세 분의 직원이 관리와 레슨을 함께 하고 있었다. 이분들은 정말 말을 사랑하는 분들이라는 생각을 했다. 말을 관리하고 시설을 정리하며 레슨까지 단 세 분이 일하는 것은 너무 힘든 일 같았다. 선생님들이 잠시 쉬는 시간에 찾아와 휴식을 놓친 것은 아닌지 미안한 마음이 들었다.

레슨시간이 되자 꼬마 손님들이 하나 둘 도착해 자신의 키보다 세 배쯤 큰 말을 데리고 나온다. 초등학교 2학년부터 승마를 배울 수 있는데 영광군이 지원해주기 때문에 저렴한 비용으로 승마를 배울 수 있다고 한다. 아이들의 승마를 지켜보는 부모들에게 물어보니 평일 오전에는 학부형들도 승마를 즐기고 있으며 유소년 승마단이 창단되어 더욱 활발하게 승마를 배울 수 있다고 한다.

주소 전라남도 영광군 홍농읍 홍농로 574-40
문의 061-356-5407

아는 만큼 보여요

POINT ✓ 승마

승마는 말과 교감하는 운동인 만큼 말에 대한 기본적인 이해가 필요하다. 말은 사람이 떨어지면 위험할 정도로 몸집이 크지만 겁이 많아 잘 놀라고 위험한 상황을 겪으면 좋지 않은 기억을 6개월 정도 갖게 된다. 그러나 자신에게 애정을 갖고 돌봐주는 사람은 잘 따르는 온순한 성격을 가지고 있다. 승마를 시작할 때는 서두르지 말고 우선 애정을 가지고 말과 친해지는 것이 먼저이다. 말과 친해지기 위해선 간식을 활용하는 게 좋다. 단맛을 좋아하기 때문에 당근, 사과, 말 전용 쿠키 등을 활용해 친밀감을 높인다. 다정하게 말의 이름을 불러주고 말이 봤을 때 손을 조심스럽게 내밀어 간식을 먹여준다. 손의 높이는 말의 코보다 낮은 위치에서 시작해 말이 냄새를 맡으며 다가올 수 있도록 유도하며 주면 된다.

승마를 처음 배우는 경우 가장 주의해야 할 점은 말에게 다가갈 때는 반드시 말의 뒤가 아닌 앞에 서야 한다. 말은 뒷발질을 하기 때문에 말의 뒤쪽에 서 있으면 크게 다칠 수 있다. 말 위에 오르면 처음에는 무섭다는 마음에 불안하지만 차분하게 말을 타야 한다. 말은 불안해하는 사람의 마음을 금방 알아차리고 말도 불안감을 느껴 동요하게 된다. 승마를 배울 땐 안전과 직결되는 승마복장을 제대로 갖추어야 한다. 기본 복장으로는 모자, 승마복, 승마부츠, 박차, 채찍 등이 있다. 모자는 말에서 떨어졌을 때 머리를 보호해주는 것이기 때문에 반드시 착용해야 한다. 승마용 바지를 입는 이유는 피부의 손상을 막기 위해서이다. 상의는 승마용 바지 속으로 넣은 뒤 단추를 채운다. 승마부츠는 긴 것으로 준비하고 고삐를 잡는 장갑도 필요하다. 승마를 위한 개인 복장이 없다면 승마장에서 대여하면 된다. 모자, 조끼, 종아리 보호대 등의 안전장비는 승마장에서 대여가 가능하다. 초보자는 청바지 등 편한 바지 차림에 운동화만 신고 승마를 즐길 수 있다. 승마는 자세교정과 근력을 키우는 데 좋으며, 심폐기능 향상, 신체의 리듬감과 유연성을 강화시킬 수 있는 운동이다. 더불어 다이어트에도 효과가 좋다고 한다. 승마가 생애 처음이라도 레슨 선생님의 지도를 잘 따르면 금방 말과 친해지고 승마의 즐거움을 느낄 수 있다.

> **TIP** 승마장 안에서는 큰 소리를 내거나 돌발적인 행동을 삼간다.
> 그리고 절대 말 뒷쪽으로 가지 않는다.

세상에서 가장 신기한 유적
성산리지석묘

지석묘(支石墓)는 고인돌이라고도 부른다. 우리나라 여행을 하다 보면 신기한 유적들을 만나게 되는데 그 중 하나가 고인돌이다. 고인돌은 세계적으로 분포되어 있지만 한국은 고인돌 왕국이라 불릴 만큼 세계에서 가장 많은 고인돌을 가지고 있다. 아직 고인돌이 만들어진 시점에 대해서는 학계의 의견이 일치되지 않고 있다. 그러나 고인돌의 마지막 시기를 청동기시대인 기원전 2세기경으로 보고 있어 신석기 후반~청동기 시대로 보아도 좋을 것 같다. 고인돌을 축조할 때 거대한 돌의 운반에는 많은 인력이 동원되므로 이것은 족장(族長) 등 지배계급들의 묘(墓)라는 것이 일반적인 학설이다. 그러나 고인돌은 돌만 남아있고 그밖에 어떤 유물도 없어 추측과 상상에 맡겨야 한다.

처음에 고인돌을 보았을 때 선사시대에 대한 지식이 부족해 커다란 돌덩어리 앞에서 한참을 어리둥절하여 서 있었던 기억이 있다. 우리나라에서 청동기시대란 어떤 모습이었을까 구체적으로 알 수 없으니 귀한 고인돌은 그저 돌에 불과했다. 그 후 공부를 해보니 세상에서 가장 신기한 유적이 고인돌이라는 것을 알게 되었다. 강화, 화순, 고창의 고인돌은 그 가치를 인정받아 유네스코 세계문화유산으로 등재되었다.

영광군 홍농읍에 고인돌이 있다고 해서 찾아가 보았다. 평범해 보이는 마을 앞 비스듬히 낮은 구릉에 놀랍게도 고인돌 45기가 밀집해 있었다. 우리나라의 고인돌은 크게 탁자식인 북방식과 바둑판 모양의 남방식이 있는데 영광군 홍농읍에 위치한 성산리지석묘는 지하에 묘실을 만든 바둑판 모양의 고인돌로 남방식 지석묘에 속한다.

찬찬히 살펴보니 고인돌은 받침돌이 있는 것과 없는 것으로 나눌 수 있다. 전체 고인돌 45기 중 17기가 받침돌을 고이고 있고 나머지는 땅에 밀착되어 있거나 묻혀있다. 고인돌이 놓인 위치는 나름대로 규칙이 있었다. 남북방향으로 45기가 4열을 이루고 있다. 중심부에는 큰 규모의 고인돌이 자리 잡고 있는데 5개의 받침돌이 덮개돌 주위를 둘러서 받치고 있는 형태로 이 고인돌이 여러 고인돌 사이에서 마치 우두머리인 양 중심 역할을 하고 있는 듯 보였다. 전라남도 서북부에 위치한 고창, 영광, 함평, 장성 등의 지역에서 주로 찾아볼 수 있는 형식이다.

주소 전라남도 영광군 홍농읍 성산리 산103-2

 작가노트

나무들이 시원한 그늘을 드리우고 그 아래 자리 잡은 성산리 고인돌들의 풍경은 매우 신비했다. 고인돌 유적은 석기시대 후반부터 이 지역에 사람이 살았다는 멋진 증거물이다. 다른 지역에서는 선사박물관을 만들어 구석기 축제를 열고 박물관에서 청소년들을 위한 다양한 체험프로그램을 진행하고 있다. 성산리지석묘도 박물관을 설립하거나 공원을 조성하여 가족과 함께 즐기는 여가 공간으로 활용했으면 좋겠다. 영광군의 어린이들이 성산리지석묘를 통해 선사시대를 이해하고 상상을 펼칠 수 있는 날이 오길 희망해 본다.

행복한 골퍼
신지애

영광 출신의 신지애 선수는 그 누구도 걸어보지 못한 영광의 길을 걸어가고 있다. 한 시즌 최다승(2008년·11승), 한국인 최초 세계랭킹 1위. 한국·미국·일본 등 전 세계 투어 53승이라는 화려한 타이틀을 달고 있는 자타공인 최고의 골프 선수이다. 그러나 그녀가 정상에 오르기까지는 넘어야 할 산이 많았다. 신지애 선수는 영광군 홍농읍에서 태어나 초등학교 5학년 때 처음으로 골프를 접하게 된다. 아버지가 지인의 골프연습장에 신지애를 데리고 갔고 그곳에서 골프와 인연을 맺게 된다. 6개월을 연습한 후 출전한 주니어 골프대회에서 준우승을 차지하며 신지애의 본격적인 골프 인생이 시작된다.

재능은 뛰어났지만 시골교회 목사님의 형편으로 골프레슨 비용을 감당하기는 힘든 일이었다. 신지애는 경제적 어려움 속에서도 고된 훈련을 잘 이겨내며 주니어 골프 유망주로 인정을 받게 된다. 그러나 역경은 여기서 끝이 아니었다. 어느 날 신지애의 등하교를 책임지던 어머니가 교통사고로 돌아가시고 어린 동생들도 심각한 부상을 당하는 불행이 찾아온다. 신지애는 어린 나이에 어머니를 떠나보낸 후 1년이 넘도록 병원에서 동생들을 간호하며 골프 연습을 병행해 나간다. 아버지는 조의금을 신지애 선수의 훈련비에 보태며 "한 타 한 타 칠 때마다 열심히 쳐 주길" 당부했다고 한다. 아버지의 눈물겨운 헌신과 어머니의 죽음을 신지애는 저버리지 않았다. 오직 골프에 모든 것을 걸었다. 초청선수 자격으로 출전한 2005년 11월, KLPGA 투어 SK 인비테이셔널에서 우승을 차지한다. 국가대표로 선발돼 2006년 아시안게임에 출전을 할 수 있었지만 동생들 병간호와 자신의 뒷바라지를 하는 아버지를 위해 아마추어 최고의 명예인 국가대표를 포기하고 2005년 11월 프로선수로 전향하게 된다. 신지애는 2006년 한국 여자오픈 우승을 포함해 3차례 우승을 차지해 '신지애 시대'를 열었다. 2007년 9차례 우승, 상금 10억여 원 등 종전 기록을 갈아치운다. 2008년 시즌부터는 호주와 일본을 오가며 세계 무대에 나서기 시작한다. 그런 신지애 선수에게 주위에서는 항상 그녀에 대해 걱정스런 목소리가 있었다. 빡빡한 경기 일정을 어떻게 다 소화할지. 무리를 하는 것은 아닌지. 그러나 신지애 선수는 2008년 메이저대회인 LPGA 브리티시 여자오픈을 제패(최연소)하면서 세계 정상에 우뚝 서게 된다.

2011년 부상을 당하면서 극심한 슬럼프에 빠지게 되지만 강인한 정신력으로 아픔을 극복하고 2012년 LPGA 킹스밀 챔피언십과 브리티시 오픈에서 2주 연속으로 우승을 거두면서 정상에 올라 세계를 또 한 번 놀라게 한다. 신지애는 타수가 벌어졌더라도 최종 라운드에서 역전 우승을 이끌어 내는 강인한 정신력을 갖춘 선수로 어린 시절 겪었던 가난과 불행도 그녀의 골프 인생을 막지 못했다. 신지애 선수는 현재 JLPGA(일본여자프로골프협회)에서 활약하고 있다. 그녀는 어린 선수들에게 골프를 할 수 있는 기회를 만들어주고 싶어 신지애 이름으로 주니어 대회를 열어 유소년 골퍼를 지원하고 있다. 신지애는 "나 스스로의 힘이 아니라 주위의 도움이 있었기 때문에 오늘의 신지애가 있다. 감사함이 커지니 매일매일이 더 행복해진다"라고 말한다. 누구에게나 인생에서 역경은 반갑지 않은 손님이다. 하지만 어떻게 맞이하느냐는 자신에게 달려있다는 것을 그녀의 인생을 통해 배우게 된다. 신지애는 지금 행복한 골퍼이다.

 작가노트

성산리지석묘를 돌아보고 나오는 길에 프로골퍼 신지애 선수의 고향이라는 기념비를 발견했다. 자세히 살펴보니 신지애 선수가 살았던 옛 집과 모교인 홍농서초등학교, 홍농중학교 그리고 그녀의 아버지가 목회를 했던 교회 등을 간단한 지도로 알려주고 있었다. 재미난 기념비를 본 후 영광에서 신지애 선수에 대해 물어보면 눈을 반짝이며 얘기를 해 주신다. 신지애와 함께 학교를 다녔다는 사람도 만났다. 신지애는 영광사람 모두에게 자랑스러운 딸이었다.

여름을 신나게 즐길 수 있는
가마미해수욕장

영광읍에서 서쪽으로 24km를 달리면 가마미(駕馬尾)해수욕장에 닿는다. 이곳은 영광을 본격적으로 여행하기 전에 들려가기 좋은 길목에 있다. 가마미해수욕장은 수심이 1~2m로 물이 깨끗하고 수온이 높으며 폭 200m 넘는 1km의 고운 백사장이 반달모양으로 둥그렇게 자리 잡고 있어 호남의 3대 해수욕장으로 손꼽힌다. 가마미해수욕장에 여름이 찾아오면 사람들이 몰려와 시끌벅적해진다.

TIP 가마미해수욕장 인근에는 뛰어난 해안 풍광을 자랑하는 백수 해안도로와 바다낚시터로 유명한 돔배섬, 크기와 모양이 비슷한 섬 7개가 일자형으로 수평선 위에 떠 있는 칠산도를 함께 즐길 수 있다.

해수욕장과 함께 어린이 전용 워터파크 아쿠아월드가 있어 안전하고 신나는 물놀이를 즐길 수 있다. 샤워장 등의 편의시설도 잘 구비되어 있다. 해수욕과 함께 바다낭만을 오래 만끽할 수 있는 숙박시설인 야영장(카라반)이 있으며 해수욕장 개장 기간에는 노을이 찾아올 때 펼쳐지는 해변 가요제가 한여름의 무더위를 잊게 해 준다. 여름이 지나 간 계절에는 고즈넉한 분위기라 조용하게 산책하고 싶은 여행자들이 걷기 좋다. 해변은 200여 그루의 소나무가 해안을 감싸듯 길게 펼쳐져 아늑하고 편안한 분위기이다. 앞쪽으로는 섬들이 올망졸망 떠 있고 바다 위로 오고가는 어선들의 모습이 한 폭의 평화로운 그림 안에 들어 와 있는 듯 착각하게 한다.

가마미해수욕장 풍경을 마음에 잘 담았다면 이후 계마항을 한 바퀴 돌고 법성포항을 구경한 후 영광대교를 건너 백수해안도로로 가면 효율적인 일정이 된다.

주소 전라남도 영광군 홍농읍 가마미로 357-21
문의 061-356-1020

가마미 아쿠아월드 & 영광 가마미 야영장(카라반)

가마미해수욕장 인근에는 물놀이를 할 수 있는 미끄럼틀, 수영장, 쉼터 등이 갖춰진 아쿠아월드가 있어 아이들과 함께 안전하게 물놀이 즐길 수 있다. 또한 각종 편의시설이 구비된 야영장(카라반)은 사계절 바다 체험과 체류형 숙박이 가능해 가족단위 관광객이 찾기에도 안성맞춤이다.

주소 전라남도 영광군 홍농읍 가마미로 357-23
문의 061-356-1020
홈페이지 www.gamami.co.kr

안마도로 가는 뱃길
계마항

계마항이 위치한 계마리는 조선 인조 때 보명대사가 말이 해변을 향해 달리는 형국이라 해서 마래라 불렀는데 이후 계마라는 지명이 되었다. 계마항은 1971년에 국가어항으로 지정되어 1982년 기본시설이 완공되고 1988년 정비계획을 수립해 1998년 완공하였다. 법성포가 토사가 쌓여 항구의 기능을 제대로 수행하지 못하고 칠산바다의 조기 어획량이 꾸준히 감소하자 법성포를 대신해 어업전진기지의 역할을 하기 위해 만든 어항이다. 굴비로 유명한 법성포에서 약 9km를 달려가면 계마항(桂馬港)에 닿는다. 항구에 가기 전에 해안도로에서 잠시 멈춰 내려다보면 먼 바다 풍경과 함께 아름다운 계마항을 볼 수 있다.

계마항은 빨간 등대와 하얀 등대, 그리고 고깃배들이 어울려 포근하고 평화로운 느낌이 절로 드는 어항이다. 방파제를 따라 걷다 보면 고양이섬, 호랑이섬, 백수해안도로를 끼고 길게 이어진 산자락이 눈길을 사로잡는다. 계마항의 방파제는 낚시로 잘 알려진 곳으로 숭어, 짱둥어, 문절망둑 등이 많이 잡힌다. 계마항 입구에는 회타운이 있어 싱싱한 회를 가격 대비 저렴한 가격에 맛볼 수 있다. 계마항에서는 안마도로 가는 여객선과 함께 고깃배들이 기항한다. 서해 먼 바다 안마도로 가는 뱃길은 계마항에서 하루에 한 번 출발한다. 여객선은 187톤 규모로 승객 150명과 차량 15대를 수용할 수 있다. 계마항에서 출항해서 2시간 정도 가면 대석만도가 나온다. 내리고 타는 이는 적어도 안마도 가는 길에 항상 들르는 경유지이다. 서해안에 위치한 계마항은 조수 간만의 차이로 매일 배 시간이 바뀐다는 점을 기억해야 한다.

출항시간이 오전 7시 30분에서 오후 3시로 폭이 커 안마도에 가려면 반드시 미리 출항시간을 확인한 후 일정을 잡아야 한다. 안마도는 먼 바다 해역에 위치해 있어 결항이 잦기 때문에 날씨 확인도 필수이다. 특히 겨울철에는 항해가 어려운 날이 많다는 점을 고려해야 한다. 차를 가지고 안마도에 갈 계획이라면 차도선은 많은 차량을 태울 수 없어 일찍 계마항에 도착해서 대기표를 받아야 한다.

차도선은 〈주민차량 우선 선적 할당제〉가 있다는 것을 알아 두자. 여객선은 도서주민의 유일한 해상교통 수단으로 선착순의 원칙으로 차량을 선적할 경우 일반인의 차량에 의해 도서 주민의 차량이 선적되지 못해 극심한 생활불편을 겪게 된다. 이러한 문제점을 해소하기 위해 여객선의 차량 선적 공간 중 1일 1항차 운항 차도선은 30%를 도서주민에게 우선 배정하고 있다.

주소 전라남도 영광군 홍농읍 계마리
문의 061-350-5985

안마도 운항정보

운항노선 계마항⇔석만도 경유 안마도(43.3km)
소요시간 2시간 20분
운항횟수 1일 1회
운항시간 매일 변경
편도요금 16,000원 (일반인)
문의 061-283-9915

자연이 주는 즐거움
숲쟁이꽃동산

백제불교최초도래지 탑원 뒷길과 연결하는 곳에 자리 잡은 숲쟁이꽃동산은 꽃과 나무가 아름다운 공원이다. 숲쟁이꽃동산에 조성된 산책로를 걸으며 법성포의 아름다운 풍경을 감상할 수 있어 백제불교최초도래지를 여행한다면 숲쟁이꽃동산 주차장에 차를 두고 숲쟁이꽃동산을 통과해서 가는 것도 좋은 방법이다. 숲쟁이꽃동산의 규모는 그리 크지 않아 돌아보는 데 부담이 없다. 산책로는 어디로든 통하게 모두 연결되어 있어 자신이 가고 싶은 길을 선택해 다니면 된다.

색색의 꽃들이 둘러싸고 있는 곳에는 쉬어가는 정자와 벤치 그리고 흐르는 시냇물도 있다. 등나무 터널 아래를 지나며 자연을 만끽하다 보면 어느새 잊고 있던 여유를 찾을 수 있다. 전체적으로 경사가 완만하고 걷기 편안한 길이기 때문에 아이들이나 부모님과 함께하는 여행이라면 꼭 추천하고 싶은 여행지이다.

백제불교최초도래지로 가는 아래쪽에는 키 큰 나무가 사열하듯 서 있는 산책로가 있고 나무 사이를 걸으면 새들이 속삭여 주어 수수한 자연을 벗 삼는 즐거움이 있다. 약 20~30분 정도의 시간으로 자연이 주는 즐거움을 한껏 만끽할 수 있는 꽃동산이다.

주소 전라남도 영광군 법성면 백제문화로 203
문의 1899-0950

한옥펜션

숲쟁이 꽃동산 맞은편에는 한옥펜션이 모여 있다. 법성포항이 내려다보이는 멋진 뷰를 자랑하는 한옥 건물로 우리나라 전통을 계승하는 동시에 현대적인 감각을 조화롭게 더한 숙소이다.

오유당	061-351-1727
라쉼	010-2622-3399
복덕전	010-9068-3090
서인전	010-2023-3387
이화원	010-6652-3090
숲쟁이펜션	061-356-5489
영제전	010-9068-3090
오가네	010-6507-1957
외갓집	010-6350-4666
종갓집	010-9068-3090
한빛민박	010-3626-6505
도담	061-356-5786

"가방은 가볍게 시간은 여유롭게 좋아하는 음악을 들으며 영광여행을 시작해 보세요. 마치 고향에 온 것처럼 마을이 주는 미소를 보게 될 거에요."

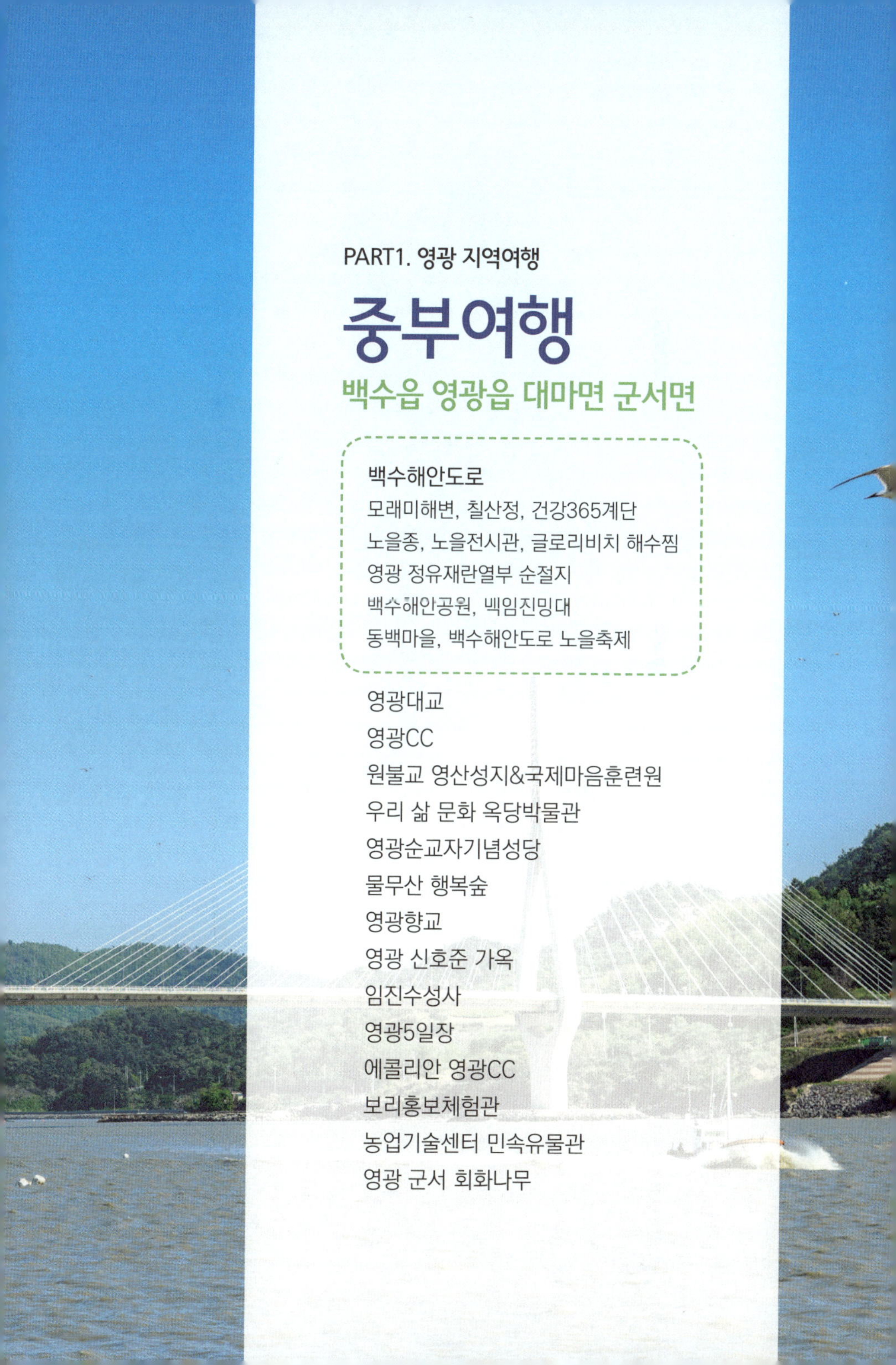

PART1. 영광 지역여행

중부여행
백수읍 영광읍 대마면 군서면

백수해안도로
모래미해변, 칠산정, 건강365계단
노을종, 노을전시관, 글로리비치 해수찜
영광 정유재란열부 순절지
백수해안공원, 백임진밍대
동백마을, 백수해안도로 노을축제

영광대교
영광CC
원불교 영산성지&국제마음훈련원
우리 삶 문화 옥당박물관
영광순교자기념성당
물무산 행복숲
영광향교
영광 신호준 가옥
임진수성사
영광5일장
에콜리안 영광CC
보리홍보체험관
농업기술센터 민속유물관
영광 군서 회화나무

열린 관광지
백수해안도로

백수(白岫)해안도로는 대한민국의 대표적인 해안도로이다. 푸른 바다와 함께 굽이굽이 기암괴석이 어우러져 만들어내는 풍경은 환상적이다. 바다를 따라 펼쳐진 16.8km의 길은 차를 타고 드라이브하기 좋지만 스치듯 보기에는 너무도 아까운 풍경이다. 한 발짝 더 다가가 제대로 즐겨보자. 자연이 주는 경이로운 순간을 마음에 담을 수 있도록 자전거 라이딩이나 두발로 걷기를 권한다. 백수해안도로는 해안 길을 따라 볼거리 즐길 거리가 가득하기 때문에 지루할 틈이 없다. 국내 유일의 노을전시관을 비롯하여 칠산정전망대, 노을종, 건강 365계단, 펜션과 음식점 등 편의시설이 잘 갖추어져 있다. 여유롭게 걸으며 백수해안도로에 숨어있는 아름다움을 하나하나 찾아보자. 운이 좋다면 보석처럼 반짝이는 바다 위로 불이 타오르는 경이로운 순간을 만날 수 있다.

백수해안도로 100% 즐기기

1 모래미해변

모래미해변은 백수해안도로의 시작이다. 모래미란 전라도 말로 모래무지를 뜻한다. 말 그대로 모래가 좋은 해변이라 여름철이면 해수욕을 즐기고 모래찜질을 하는 사람들로 북적인다. 물이 바다 끝으로 빠져나가는 때를 딱 맞춰 모래미해변에 도착했다면 광활한 모래세상을 만난다. 고운 모래 위에 발자국을 남기기도 하고 글씨를 써보는 낭만도 좋다. 조용하고 평화로운 모래미해변에 서면 맞은편으로 작은 섬이 보인다. 바다를 헤엄쳐 가는 거북이를 닮아 거북이 바위라 불리는 섬이다.

주소 전라남도 영광군 백수읍 해안로 1389
문의 1899-0950

② 칠산정

대신 3교를 지나 백수해안도로로 접어들면 바닷물이 넘실대는 아름다운 길이 반겨준다. 이제부터 어디서든 바다 풍경과 노을을 즐길 수 있다. 그 중 가장 좋은 전망 포인트를 꼽으라고 하면 칠산정이다. 칠산정은 우뚝 솟은 산 중턱에 자리 잡고 있어 바다와 산 그리고 지나가는 길까지 모두 한눈에 감상할 수 있다.

③ 건강365계단

칠산정 맞은편에 위치한 '건강365계단'은 백수해안도로에서 가장 가깝게 바다를 느껴볼 수 있는 곳으로 데려다 준다. 이 길을 걷는 사람들 모두 일 년 365일 건강하기를 바라는 마음으로 만들었다는 안내글이 기분 좋게 한다. 길 끝에 닿으면 파도가 철썩이는 갯바위가 나온다. 바닷가에는 석굴, 대하, 맛조개 등이 서식한다. 바다의 기를 흠뻑 받고 올라오는 길 오른편에는 생태 탐방로 노을길이 있어 노을전시관까지 갈 수 있다.

④ 노을길&노을종

노을길은 건강365계단에서 시작해 노을전시관까지 2.3km이다. 노을길을 걷다 보면 노을종을 만난다. 노을종은 노을이 되어 어머니 곁을 맴도는 아들의 효심을 담은 종으로 '한 번 치고 맴놀이를 들으면 웃을 일이 생기고, 두 번 치고 맴놀이를 만지면 사랑의 감정이 찾아들고, 세 번 치고 맴놀이를 느끼면 행복할 일이 생긴다'고 한다. 노을종은 노을길을 걷는 사람들에게 행복을 기원해주는 종이다.

5 노을전시관

백수해안도로 어디나 아름답지만 그 중에서 가장 멋진 구간을 굳이 손꼽는다면 대신등대, 노을전시관, 건강 365계단, 칠산정이다. 특히 법성포항과 계마항을 오가는 선박의 길잡이인 대신등대 뒤로 펼쳐지는 노을은 경이로운 풍경이다. 아름다운 붉은 노을이 궁금하다면 노을전시관으로 가보자.

2009년에 개관한 국내 유일의 노을전시관은 총 3층의 건물로 되어있다. 1층 노을체험관에서는 세계 각국의 아름다운 일몰을 사진으로 볼 수 있고 노을 관련 문학작품 등 노을을 테마로 한 전시물을 만날 수 있다. 2층으로 올라가면 해양 생물의 소리를 들어 볼 수 있는 테이블이 있고 노을전망대 망원경으로 보면 칠산도, 안마도, 송이도 등을 시야로 확인할 수 있다. 노을과학관에서는 빛이 만드는 신기한 자연현상에 대해 배울 수 있다. 지하 1층에는 영광의 특산물을 판매하는 특산품 전시관이 있다.

주소 전라남도 영광군 백수읍 해안로 957 문의 061-350-5600
관람시간 3월~10월 10시~오후 6시, 11월~2월 10시~오후 5시 휴관 매주 월요일 입장료 없음

6 글로리비치 해수찜

노을전시관 맞은편에 있는 영무 파라드 글로리비치는 호남유일 천연암반 600m 심층 해수온천수로 쌓인 피로를 풀고 건강을 회복하기에 좋다. 대중목욕탕과 2인기준 최대 4인이 이용하는 해수찜이 있다. 3층 애견공원은 반려견과 함께 즐길 수 있는 공간이 마련되어 있고 숙박시설인 펜션도 운영하고 있다.

주소 전라남도 영광군 백수읍 해안로 950 문의 061-351-7000

7 영광 정유재란 열부순절지

국도 77호선과 군도 14호선이 만나는 지점 해안가에 열부순절지가 있다. 임진왜란(壬辰倭亂)은 조선 선조 25년(1592)부터 31년(1598)까지 두 차례에 걸쳐 우리나라를 침입한 왜군과의 싸움이다. 2차 침입을 했던 정유재란 때 함평군 월야면 월악리 등에 살고 있던 동래정씨(東萊鄭氏), 진주정씨(晋州鄭氏) 문중의 아홉 명의 부인들이 전쟁을 피해 영광군 백수읍 대신리 묵방포까지 피난 왔으나 결국 왜적에게 잡힌다. 왜인들에게 끌려가 몸을 더럽혀 치욕을 당하기보다는 의롭게 죽을 것을 결심하고 아홉 명이 모두 칠산 바다에 몸을 던졌다. 나라에서는 순절비를 내려 이들의 정절을 기렸다. 지금 있는 두 개의 비각은 1942년과 1946년에 세운 것으로 바다를 뒤로 히어 팔각 돌기둥 4개를 세우고 그 위에 팔(八)자의 지붕돌을 올려놓은 모습이다. 정유재란 때 왜군은 조선 사람들을 마구 죽이고 잔인하게 코와 귀를 베어 가져갔을 뿐 아니라 생포해서 일본으로 끌고 갔다. 임진왜란은 세계적으로 그 유래를 찾아볼 수 없을 만큼 잔혹한 전쟁이었다.

주소 전라남도 영광군 백수읍 해안로 847-8

8 백수해안공원

백수해안도로를 따라가는 여행은 아름다운 바다풍경과 함께 숨겨진 이야기를 알아가는 재미가 있다. 백수해안 절벽은 파도를 만나 깎이고 부서지며 신기한 모습을 보여준다. 그중에 백수해안공원에서 만나는 모자바위와 거북바위는 백수해안도로의 백미이다. 해가 질 무렵이면 사진작가들이 하나 둘 모자바위 주위로 모여 사진 찍기에 몰입한다. 전문 사진작가가 아니라도, 비싼 카메라가 없더라도 그 자체로 풍경이 아름다워 쉽게 인생사진을 찍을 수 있다. 모자바위에서 건너편에 보이는 분등에서는 풍력발전기가 칠산바다 바람을 맞으며 부지런히 돌고 있다. 모자바위에서 다시 데크길을 따라 올라와 왼쪽 길로 내려가면 뭍으로 올라오려고 애를 쓰고 있는 거북바위를 볼 수 있다.

9 백암전망대

백수해안도로에서 탁 트인 바다 전망을 볼 수 있는 3대 포인트는 칠산정, 노을전시관, 백암전망대이다. 백암전망대는 노을정이라는 현판을 단 정자이다. 노을정으로 올라가면 송이도와 칠산도가 내려다보이는 바다 전망이 실로 인상적이다. 백수해안도로가 끝나는 지점에 위치한 백암전망대에서 여행을 마무리하기 아쉽다면 영화 마파도의 촬영지 동백마을로 가보자.

ZOOM IN 백수해안도로에서 일몰 즐기기

백수해안도로는 영광군 백수읍 백암리에서 대신리를 거쳐 길용리까지 이어지는 16.8km의 길이다. 백수해안도로에서 일몰을 보기로 마음먹었다면 정확한 일몰 시간을 체크하는 것이 좋다. 어디서 볼 것인지를 정하고 백수해안도로 전체 코스를 살핀 후 보고 싶은 곳을 골라 일정을 짜도록 하자. 일몰 시간을 체크한 후 최소한 30분 전에는 도착해 기다리는 것이 좋다. 한여름에도 여벌의 옷을 챙겨가는 것을 권한다. 바닷바람이 불어 살짝 춥다고 느낄 수 있기 때문이다. 참고로 해안가에서 해산물이나 자갈 등을 채취하지 말자. 해안 절벽에 핀 야생화들은 눈으로만 감상하고 꺾지 말자.

10 동백마을

영화 마파도에 출연했던 김수미 배우는 〈수미네 반찬〉이라는 프로그램에서 인기를 끌었다. 그녀가 출연한 영화 마파도의 촬영지 동백마을이 백수해안도로에 있다. 백암해안 산책로를 쭉 따라가다 보면 해안 절벽 아래 움푹 들어간 지형에 숨어 있는 동백마을을 만나게 된다. 대로에 돌로 만든 표지석이 양쪽에 있고 버스정류장이 있어 찾기 쉽다. 마파도는 섬이라고 설정되었지만 촬영지 동백마을은 섬이 아니라 해안가에 위치한 작은 마을이다. 조용한 마을에서 따뜻한 햇살과 바나 붕경을 느끼며 쉬어가기 좋다. 동백마을 끝자락에는 쉐이리 펜션이 자리 잡고 있는데 곳곳에 동화 속에서나 만날 것 같은 캐릭터들이 있다. 아이들과 여행 중이라면 귀여운 캐릭터들과 함께 사진 찍기 좋다.

11 백수해안도로 노을축제

백수해안도로 노을축제는 백수해안도로를 널리 알리고 노을이라는 독특한 소재를 활용하여 해마다 10월 초에 개최되는 축제이다. 풍물놀이 한마당, 난타공연, 글로리 댄스팀 등의 식전 행사를 시작으로 노을 댄스 경연대회, 품바 경연대회가 본격적으로 진행된다. 체험 행사로는 구수산 등반대회, 노을 페이스페인팅, 천일염 밟기, 타임캡슐 편지쓰기, 소망 자물쇠 달기, 소망 낙서판 글쓰기, 전통 민속놀이, 농촌체험활동 등으로 운영된다.

주소 전라남도 영광군 백수읍 해안로 950

ZOOM IN — 백수 해안도로에 있는 모자바위 전설

"아부지가 고기 많이 잡아서 얼릉 올게."
"아부지, 가지 마. 나랑 놀아."
"엄마랑 잘 지내고 있어. 아부지가 고기 잡아서 맛난 거 많이 사 줄게."
"그래도 싫어, 싫어. 가지 마!"
젊은 어부는 내키지 않는 발걸음을 뗐다.
어부의 아내도 어린 아들을 아버지에게서 억지로 떼어놓았지만 속으로는 한숨을 쉬었다.
"부디, 조심하셔야 해요."
"그려, 내 조심히 다녀옴세."
젊은 어부의 뒷모습이 이상하게도 구슬프게 느껴졌다.
어부가 고깃배를 타고 바다에 나간 그날 밤,
갑자기 시커먼 구름 떼가 몰려오더니 심상치 않은 바람이 거세게 불기 시작했다.
"어쩌나, 비바람이 많이 불 셈인가. 어째."
어부의 아내는 창밖만 내다보고 발을 동동 굴렀다.
바람은 점점 거세게 불더니 천둥과 번개가 치며 거센 비가 몰아치기 시작했다.
성난 파도는 무섭게 일렁였고 엄마와 아들은 너무나 걱정이 되어 뜬눈으로 밤을 새웠다.
날이 밝자, 하늘은 맑게 개고 파도는 다시 잠잠해졌다.
"엄마, 아부지 괜찮겠지?"
"응, 그럼. 꼭 돌아오실 거야."
"엄마, 우리 아부지 마중 가자."
"그래, 가 보자."
엄마와 아들은 바다가 가장 잘 보이는 마을 앞산에 올랐다.
젊은 어부를 기다리며 아내와 아들은 매일같이 산에 올랐지만 어부는 돌아오지 않았다.
"엄마, 아부지 오늘은 올까?"
"응, 꼭 오실 거야."
엄마와 아들은 바다를 하염없이 바라보며 기다리고 또 기다렸다.
긴 세월 바다를 바라보며 기다리던 엄마와 아들은 결국 돌이 되고 말았다.

ZOOM IN — 백합

영광의 갯벌에서 나는 것 중 최고 별미는 백합조개다. 조개의 여왕이라 불리는 백합을 영광 사람들은 조개 중의 조개라는 의미에서 참조개라고 한다. 갯벌에 살지만 모래를 전혀 품고 있지 않아 회로 즐겨도 좋고 탕으로 끓이면 뽀얗게 우러나는 시원한 국물 맛이 일품이고 백합죽은 뒷맛이 깔끔해 별미이다. 백수읍사무소 맞은편에 위치한 한성식당은 백합죽으로 인기 있는 맛집으로 가격 대비 맛있고 푸짐하게 먹을 수 있다.

한성식당 주소 전라남도 영광군 백수읍 천마길 12 문의 061-352-7067

> **TIP** **영광대교**
>
> 총연장 590m, 높이 108m의 주탑 2개, 폭 16.9m의 사장교이다. 사장교란 교각 위에 세운 탑에서 비스듬하게 케이블로 주 다리를 지탱하도록 설계된 것을 말한다. 지간거리가 넓은 교량에 주로 사용되는 형식이다.

밤바다에 환하게 피어나는
영광대교 🌱

서남해안 일주도로는 서해와 남해안을 유(U)자형으로 연결하는 도로망으로 국도 77호선 중 전라남도 구간은 영광군에서 여수시까지 564.2km이다. 드라이브를 즐기는 사람이라면 서남해안 바닷가와 섬을 따라 도는 서남해안 일주도로를 우리나라에서 제일로 손꼽는다. 그중에서도 백미는 영광대교에서부터 시작되는 백수해안도로이다. 백수해안도로의 시작점인 영광대교는 홍농읍과 백수읍을 잇는 해상교량이다. 이 다리는 2008년 9월에 착공해 약 8년에 걸쳐 2016년 3월 25일에 완공되었다.

영광대교가 홍농읍과 백수읍 두 지역을 연결해 주기 전에는 법성면으로 우회해야 했기 때문에 차로 약 30분을 돌아가야 했다. 영광대교가 개통된 후 다리만 건너면 바로 백수해안의 절경을 감상할 수 있게 되었다. 차를 타고 영광대교를 건너면 휘리릭 빠르게 지나가 버린다. 너무 짧아 아쉽다면 홍농읍에서 다리를 건너기 전에 차를 세워두고 다리 아래쪽으로 난 오솔길로 잠시 산책을 해보자. 길은 바다풍경과 작은 항구마을을 구경하는 소박한 즐거움을 준다. 길에서 낚시를 하고 돌아오는 부부를 만났는데 휴일이라 놀이 삼아 낚시를 하고 밥 먹을 때가 되어 집으로 가고 있다고 한다. 영광에 사는 사람들은 조금만 시간을 내면 바다, 논, 들이 펼쳐지니 좋은 경관을 곁에 두고 있어 부러웠다. 홍농읍에서 다리를 건너면 모래미해변이 여행자를 반겨준다. 모래미해변은 여러 얼굴을 가지고 있다. 바닷물이 가득 차올라 출렁이다가도 시간이 지나면 드넓은 모래사장이 끝도 없이 펼쳐진다. 고운 모래 위에 사랑하는 사람의 이름을 써 놓고 오는 낭만도 좋을 것 같다.

영광대교의 아름다움은 밤에 더욱 빛이 난다. 계절에 따라 다른 색을 준비하고 있기 때문이다. 봄에는 노랑, 흰색, 초록색의 조명으로 '싱그러운 햇살 가득한 자연의 동화'를 연출한다. 여름에는 파랑색과 청록색 조명을 통해 '청량감이 묻어나는 시원한 물결'을 펼치고 가을에는 빨간색과 주홍색으로 풍요로운 '가을빛의 여유로운 행복'을 보여준다. 겨울에는 '연말연시 즐거운 사랑의 속삭임'이 주제로 까만 밤에 자홍색과 보라색 빛으로 수를 놓는다.

 국도77호선?
인천에서 서해안과 남해안을 따라 부산까지 이어지는 내규모 해안국노이나.

조명은 매일 해가 진 후 5분 후에 점등되며, 계절에 따라 소등시간을 달리한다. 영광대교에 조명이 켜지고 색이 바뀌는 모습을 지켜보고 있으면 해상교량이 살아있는 듯 느껴진다. 먹물 같은 밤바다에 조명이 반사되는 모습은 〈별이 빛나는 밤〉을 그렸던 빈센트 반 고흐의 그림이 연상되는 멋진 풍경이다. 밤마다 환하게 피어나는 영광대교를 누구와 함께 보면 좋을까? 영광대교의 아름다운 밤 풍경을 즐기기에 가장 좋은 뷰포인트는 백제불교최초도래지이다.

ZOOM IN 영광대교의 경관조명

영광대교에 설치된 경관조명은 컬러 LED등으로 주탑에 580W급 28등을 설치했다. 조명 빛은 전체적으로 은은한 느낌을 주기위해 파스텔 톤 컬러이다. 이 조명은 내 측면에 24등, 교각 정면 4등, 상판 조명 8등 총 280W급 36등이 설치되었고 교량 측면의 난간조명에는 시간을 알리는 시보 기능 및 다양한 컬러 패턴 연출을 위한 LINE LED 18W급 372개가 설치됐다.

한국 10대 퍼블릭
영광CC

영광에 골퍼들이 즐겨 찾는 명품 골프클럽이 있다고 해서 찾아가 보았다. 영광대교를 건너 모래미해변을 지나면 왼편 언덕에 위치한 영광 컨트리클럽으로 이름을 줄여서 영광CC라고 부른다. 도착해보니 클럽하우스에서 바라보는 서해안 풍경이 영광대교와 어우러져 그대로 한 폭의 그림이다. 골프를 치지 않더라도 지나는 길에 시간이 있다면 클럽하우스에 들려보기를 권한다. 오션레스토랑에서 눈앞에 펼쳐지는 자연을 감상하며 차를 마셔도 좋고 출출하다면 식사도 가능하다. 영광CC는 구수산의 정기와 산자락 유형에 따라 자연친화형 코스로 만들었다.

각 구간마다 어떤 풍경이 펼쳐지는지 궁금해 골퍼들을 따라 전동카트를 타고 한 바퀴 돌아보고 싶었다. 기회를 엿보았으나 골퍼들이 라운딩을 위해 길게 줄을 이어 기다리고 있어 골프를 치지 않는 사람에게는 어림없는 일이었다.

골퍼들이 골프장을 선택할 때 코스플레이가 기본이기 때문에 주변 경관도 중요한 요소이다. 서해안을 따라 연결되는 페블비치 코스까지 라운딩을 끝내면 산과 바다를 모두 만끽해 볼 수 있도록 다양한 코스가 조성되어 있다. 130만 평의 넓은 부지를 자랑하는 영광CC는 자연경관대상을 수상한 백수해안도로 풍경을 즐기며 라운딩을 할 수 있으니 명품 골프클럽이라는 소문은 사실이었다. 영광CC는 대한민국 10대 퍼블릭 골프장(18홀)이다. 편안하고 여유로운 라운딩이 가능하도록 꾸준히 리모델링하면서 코스 정비에 만전을 기하고 있기 때문이다.

영광CC는 라운딩 이외에 숙박시설과 레스토랑 등 휴식시설이 잘 마련되어 있다. 계절별로 패키지 상품도 준비되어 이곳을 이용하는 골퍼들은 골프와 여행을 함께 하고 있다.

숙박시설 골프텔은 문화체육관광부, 한국관광공사로부터 Good Stay로 선정되었고 영광CC는 대한민국 10대 퍼블릭 코스로 빼어난 경관의 백수해안을 함께 만끽할 수 있는 곳이니 하루만 머무는 것은 너무 아쉬울 수밖에 없다.

주소 전라남도 영광군 백수읍 해안로 1362-70
문의 061-350-2001
홈페이지 www.ygcc.co.kr

원불교 창시자의 흔적을 따라
원불교 영산성지 &
국제마음훈련원

영광이라는 지명을 살펴보면 '신령 영(靈)'에 '빛 광(光)'으로 신령스런 빛의 고을이라는 뜻을 가지고 있다. 지명에서 알 수 있듯 종교적으로 의미가 깊은 고장인 영광은 우리나라에서 유일하게 4대 종교 성지가 있다. 법성포는 백제 불교가 최초 도래한 곳이며 한국 개신교의 최대 순교지는 염산면이다. 영광읍에는 신유박해 때 순교한 천주교인들의 흔적이 있다. 백수읍에는 우리나라의 4대 종교 중 근대 종교인 원불교 성지가 있다. 영광군 백수읍 길용리 영촌마을에서 태어난 소태산 박중빈이 창시한 원불교는 영광에 뿌리를 둔 종교로 영광은 원불교의 발상지이다.

"물질이 개벽되니 정신을 개벽하자"라는 표어를 내세운 원불교는 교조 박중빈이 9인의 제자들과 함께 생활불교, 대중불교를 표방하며 창시한 종교이다. 백수읍 길용리 일대를 영산성지라 하는데 그 이유는 원불교의 교법을 제정하기 위해 변산으로 자리를 옮기기 이전까지 29년간에 걸친 '구도자의 혼'이 묻어 있기 때문이다. 백수읍에 모여 있는 영산성지는 한나절 돌아보면 좋을 코스이다. 소태산 대종가의 탄생가를 비롯해 기도터인 삼밭재 마당바위, 입정에 들었던 진포 입정터, 큰 깨침을 얻은 노루목 대각터, 제자들과 함께 바다를 막아 이룬 정관평 방언답, 9인 제자가 목숨을 바쳐 기도를 올렸던 9인 기도봉, 법인성사를 이룬 구간도실터, 영산원, 법모실, 적공실, 학원실 등 초기교단 건물 등이 주요 성지다.

먼저 들르면 좋은 곳은 역시 원불교창립관이다. 신도가 아니라면 조금 낯설 수 있는 원불교에 대해 쉽게 알아볼 수 있도록 전시되어 있다. 주변으로는 원불교의 법당인 대각전이 있고 소태산이 제자들을 양성했던 영산원이 보인다. 단아한 분위기에서 전통 도자기로 차를 마실 수 있는 성래원에서 잠시 쉬었다 가는 것도 좋다. 창립관 큰길 맞은편에는 간척지인 정관평이 있다. 5만 평이 넘는 들판이 가없이 펼쳐져 있다. 박중빈과 그의 아홉 제자들이 갯벌을 막아 일군 논밭이다. 열 명이 지게로 짐을 져 날라 둑을 쌓아 저 넓은 땅을 만들었다고 하니 놀라운 일이다. 정자와 다리가 멋스럽게 놓여있는 연꽃방죽에서는 여름이면 백련과 홍련이 가득 피어난다. 원불교 재단에서 운영하는 국제마음훈련원에서는 차분하게 마음을 돌아보고 수행할 수 있는 프로그램들을 운영하고 있다. 청각으로부터 온몸의 감각을 깨우는 소리 명상, 바다와 갈대숲이 어우러진 길을 걸으며 마음을 하나로 모으는 와탄천 갈대길 명상, 청정한 구수산 자락 밑에서 별들을 살피고 마음도 살피는 별빛 명상, 명상과 요가를 통해 스트레스를 해소하는 마음챙김 명상, 호흡을 통해 몸과 마음을 깨우는 등의 여러 명상 프로그램을 진행한다. 호젓한 산자락에 자리 잡은 훈련원에서 잠시 내 마음의 소리에 귀를 기울여보는 건 어떨까.

원불교창립관
주소 전라남도 영광군 백수읍 성지로 1356
문의 061-352-6344

국제마음훈련원
주소 전라남도 영광군 백수읍 해안로 1840
문의 061-353-1043

선조들의 삶을 볼 수 있는
우리 삶 문화
옥당박물관

우리 삶 문화 옥당박물관으로 들어서면 넓은 뜰에 고운 초록잔디가 깔려 있고 왼편으로는 조선시대 건축물 융무당이 있다. 조금 더 안으로 들어가면 아담한 크기의 박물관이 있는데 모든 관람은 무료라고 하니 부담이 없다. 입구에는 문화가 있는 날 체험 프로그램으로 백제 향로 만들기를 하고 있다는 안내와 KB국민은행 박물관 노닐기 지원 선정관이라는 현판이 놓여있다. 로비에는 닥종이 인형들이 지나간 우리의 삶을 재현하고 있어 옛 추억에 미소 짓게 된다.

박물관 건물 내부는 상설전시와 기획전시로 나누어져 있는데 관람 순서는 박물관 왼편에 있는 우리 삶 문화실을 돌아본 후 오른편 기획전시실을 관람하면 된다.

영광은 종교와 연관이 깊은 땅이다. 백제불교최초도래지이기도 하며, 한국 토착종교인 원불교가 탄생한 곳이다. 그렇기 때문에 옥당박물관에서는 역사 속에서 영광과 관련 있는 인물과 그 안에서 꽃 피운 생활과 종교문화를 함께 생각해 보는 전시를 하고 있다. 특히 원불교는 제2차 세계대전과 일제강점기의 어두운 상황 속에서 탄생한 종교로 생활 속 불교를 내세워 불법(佛法)의 대중화에 힘썼던 선각자적 종교이다. 2007년 9월 20일에 개관한 우리 삶 문화 옥당박물관은 선조의 생활상을 엿볼 수 있고 더불어 영광이 역사 속에서 어떤 인물을 배출했는지 알 수 있는 박물관이다. 특별히 학생들에게 학습공간으로 활용되는 박물관으로 추천하고 싶다. 체험 프로그램은 단체 개인 모두 가능하다. 최소 일주일 전에 신청해야 도자기 체험 등 다양한 문화를 경험할 수 있다.

주소 전라남도 영광군 백수읍 대신길3길 3
문의 070-7011-6887
홈페이지 okdangmuseum.net
관람시간 10:00~17:00 **휴관** 매주 월요일
입장료 없음

융무당

융무당(隆武堂)은 고종 5년(1868) 경복궁 신무문 밖 북악산 기슭의 후원(현 녹지원 일대)지역에 중건된 건물이다. 융무당 일대의 넓은 공터는 후원의 다목적 공간으로 국가에서 무관을 뽑을 때와 무술대회를 열 때 활용되었다. 특히 융무당은 무술훈련 시 국왕이 시범 사열받을 때와 고위관리들과 활쏘기를 할 때 사용되었다. 그러나 일제는 1929년 5월에 융무당의 건물을 헐어 용산에 일본인 절 용광사를 짓는 데 사용했으며 그 자리에는 조선총독부 관저를 지었다. 해방 후 1946년 원불교에서 인수하여 융무당은 서울교당 생활관으로 용문당은 서울교당 법당으로 사용되다가 2007년 영광으로 두 건물이 이전되었다. 융무당은 우리 삶 문화박물관의 부속건물로 복원되었고 용문당은 영산선학대학교 주변에 복원되있다. 융무딩과 용문딩은 일세상섬기에 훼철된 경복궁의 전각 중 그 존재가 확인된 몇 안 되는 조선후기 궁궐의 건축양식을 확인할 수 있어 그 역사성과 함께 문화재로서 가치가 매우 높다.

 작가노트

모래미해변을 지나 백수해안도로로 가는 길에 옥당박물관 안내판을 보고 차를 돌렸다. 마을 안쪽에 자리 잡은 박물관이 보였다. 마을 입구에 차를 세워두고 박물관을 향해 걸어가는 데 좌우로 펼쳐진 황금빛 가을 풍경이 아름다워 발걸음을 멈추고 한참을 서 있었다. 하늘 아래 이보다 더 훌륭한 예술작품은 없다는 생각이 들었다. 가을 풍경은 농부와 해와 바람과 비가 일 년 동안 힘껏 만든 종합예술작품이다. 영광여행은 이렇듯 지나던 길에 우연히 만난 풍경들이 좋았다.

성스러운 빛
영광
순교자기념성당

영광터미널에서 15분 남짓 걸으면 영광순교자기념성당(이하 영광성당)에 닿는다. 파란 하늘을 배경으로 우뚝 선 종탑과 주홍색 벽돌 건물이 엄숙하면서도 단정한 분위기를 풍긴다. 성당으로 올라가는 계단 끝에서 독특한 입구가 시선을 끈다. 네 개의 기둥이 서 있고, 그 기둥들을 꿰뚫는 가로보가 세 개의 문으로 공간을 연출한다. 네 개의 기둥은 칼 모양을 한 문설주로 영광의 순교자 네 명을 상징한다. 기념문 위쪽에는 십자 순교자상이 있다. 죄인의 목에 씌우는 칼과 십자가를 형상화한 순교자 기념문이다.

영광은 1791년 신해박해 이전, 호남 지방에 복음이 최초로 전해진 곳이었다. 마라난타 존자가 바닷길을 통해 들여온 불교는 백제의 왕에게 환영받으며 국교가 됐지만 천주교는 그렇지 못했다. 영광의 바닷길을 통해 천주교 신앙을 받아들인 사람들은 박해를 받게 된다. 신유박해 때 이화백과 복산리 양반 오 씨가 영광에서 순교하였고 병인박해 때는 김치명과 유문보가 각각 공주와 나주에서 순교하였다. 이우집은 신유박해 때 전주에서 처형당했다. 이들을 기리기 위해 본당 설립 80주년을 맞아 영광성당 1층에 영광순교자기념관이 마련되었다. 순교자 기념관 내부는 십자가를 닮은 구조이다. 들어가자마자 왼쪽 공간은 영광성당의 역사를 알아볼 수 있는 작은 공간이 있고 오른쪽엔 영광을 비롯한 전라남도 지역의 천주교 역사를 살펴볼 수 있다. 감실과 같이 어두운 내부는 반원 형태의 큰 공간으로 강경미 실비아의

〈주중직심도〉와 문학진 토마스의 〈103위 한국순교 성인화〉를 비롯해 순교인들의 초상화가 걸려 있다. 가장 시선을 끄는 것은 〈핏빛 사랑으로 진복을 사신 영광의 순교자들〉이라는 이름의 대형 스테인드글라스 작품이다. 가로 1m, 세로 2.5m의 키를 훌쩍 넘는 작품이 열두 폭으로 이어져 있다. 한 폭 한 폭마다 영광 순교 성인들의 삶을 집약한 상징물이 지난한 역사를 위로하고 있는 듯하다.

주소 전라남도 영광군 영광읍 중앙로2길 40
문의 061-351-2276

석장승, 조운 시인의 생가, 홍교

성당에서 나오는 길에 도동리 석장승을 놓치지 말자. 익살스러운 표정을 한 석장승이 있는 자리가 여러 고증을 통해 순교터로 추정되고 있다. 성당 바로 옆에는 조운 선생의 생가가 있다. 영광 출신의 월북 문인인 조운의 시조와 함께 여러 문인의 시조가 적혀 있는 시비가 정원에 조성되어 있다. 홍교는 조선 성종 때 우리 문학사상 가사 작품의 효시인 상춘곡(賞春曲)을 쓴 정극인(丁克仁)의 사후 16년이 되는 해 1497년에 건립했다고 전해온다. 1728년에 보수하여 현재까지 보존되고 있다.

초록바람 사이를 걷다
물무산 행복숲 🌱

가쁜 숨을 내쉬며 뻘뻘 땀을 흘리지 않아도 숲 속을 천천히 걷다 보면 어느새 머리가 맑아지고 마음이 평온해진다. 몸 건강 뿐 아니라 마음 건강을 함께 키워나가는 방법이다. 영광에는 특별히 시간을 내서 멀리 가지 않아도 일상생활에서 걷기 좋은 '물무산 행복숲'이 있다. 물무산 행복숲에는 물무산을 정점으로 일정한 거리마다 산의 특성을 살려 숲속 둘레길(10km), 질퍽질퍽 맨발 황톳길(2km), 유아숲 체험원, 물놀이장, 편백 명상원, 소나무숲 예술원, 가족명상원, 하늘공원 등 다양한 체험과 볼거리를 제공하고 있다.

그중에서 질퍽질퍽 맨발 황톳길은 몸에 좋은 황토를 질퍽한 상태로 유지해 놓아 걷는 재미를 느낄 수 있는 길이다. 신발을 벗고 맨발로 질퍽한 황토(1.3m)나 마른 황토(1.2m)에 발을 넣으면 처음에는 발가락을 간질이는 낯선 촉감이 익숙하지 않지만 걷다 보면 어느새 발에 느껴지는 상쾌함에 피곤이 풀리면서 마음이 경쾌해지는 느낌을 받는다. 유아숲 체험원은 어린이들을 위한 공간으로 피톤치드가 많은 숲에 조성되어 자연에서 맘껏 뛰어놀면서 밝게 성장하는 데 도움을 준다. 또한 7월~8월에는 어린이들을 위한 물놀이장을 개장한다. 숲 속 둘레길은 경사가 없는 순환형 숲길로 평지에 가까워 숲을 체험하며 3대(代)가 함께 부담 없이 즐길 수 있는 종합 산림 복지숲이다.

주소
▶ 영광 물무산 행복숲(숲속 둘레길, 유아숲체험원)
  : 전라남도 영광군 영광읍 도동리 365(물무로 219)/영광생활체육공원
▶ 영광 물무산 행복숲(질퍽질퍽 맨발 황톳길): 전라남도 영광군 묘량면 덕흥리 615

 간편등산로

물무산은 자신의 체력에 맞게 등산하기 좋은 산이다.
1등산로(2시간 30분 소요): 영광여중 → 헬기장 → 팔각정 → 야든이 비석 → 이동통신 기지국 → 물무산 임도 → 홍곡저수지 → 영광군립도서관 → 영광여중
2등산로(1시간 소요): 영광여중 → 헬기장 → 팔각정 → 영광생활체육공원

조선시대 백년지대계
영광향교

영광향교 문을 열고 안으로 들어서자마자 웅장하면서도 위엄이 느껴지는 고목이 있어 깜짝 놀랐다. 명륜당 앞에는 480년 정도 되는 비자나무와 500년 정도 되는 은행나무가 먼 길을 찾아온 손님을 무심하게 덤덤히 맞아 주었다. 대성전에도 수령이 600년 정도 되는 커다란 은행나무가 서 있었다. 향교에는 대부분 은행나무가 심어져 있다. 그 이유는 행목(杏木)이 유학자를 상징하는 나무이기 때문이다. 여기서 행(杏)이라 하면 은행나무와 살구나무를 지칭하는 한자이다. 행단은 공자가 제자들을 가르치던 중국 산동성 곡부현의 성묘 내 유적에서 연유하여 '선비가 머물며 공부하는 곳'이라는 별칭이 되었다.

그래서 선비가 공부하는 곳이었던 향교는 대부분 은행나무가 심어져 있다. 그중에서도 영광향교의 은행나무는 다른 향교에서는 보기 어려운 멋진 고목이다. 자연을 압도하듯 하늘로 뻗어 올라간 은행나무의 거대함은 위엄이 느껴진다. 이 은행나무만을 보기 위해 영광을 와도 후회가 없을 만큼 감동이 있는 풍경이다. 이 곳 은행나무는 어느 날 순식간에 물이 들어 빛나다가 3~4일 만에 그 잎이 다 떨어진다고 한다. 고즈넉한 향교 안으로 들어갈수록 고색창연한 모습이 눈앞에 펼쳐지고 이곳에서 공부했을 젊은 선비들의 모습이 그려진다. 우리 선조들이 추구했던 선비란 단순히 학식이 많거나 높은 관직에 오른 권력가가 아니고 성품이 올곧은 사람, 사람다운 사람, 남을 배려하는 사람, 자기 이익만을 바라지 않는 사람이었다.

추측했던 대로 영광향교는 향전에 따르면 고려 공민왕 때 지어졌다고 전해온다. 고려에서 조선시대로 넘어오면서 향교에 대한 관심과 지원이 강화되었다. 조선을 건국한 태조는 향교의 흥폐로 해당 지역 수령을 평가하는 기준으로 삼았을 정도로 지방 교육에 비중을 두었다. 태조 7년(1398)에 이르러서는 중앙에 성균관을 세우고 지방에는 향교 설치를 적극 장려한다. 고려시대에는 영광향교가 어디에 있었는지 알 수 없으나 지금의 위치는 조선시대에 새롭게 자리 잡은 것으로 보인다. 왜구의 침입으로 세조 2년(1456) 성산(城山) 아래로 읍터를 옮긴 후 세조 11년(1465) 봄에 관사를 준공하였다는 기록이 신숙주의 객관기(客館記)에 남아있어 향교도 이 무렵 관청 인근이었던 지금의 자리에 같이 지어졌을 것으로 본다.

이후 1592년 임진왜란으로 인해 불에 타 없어진 것을 다시 복원했다. 도호부에 해당됐던 영광향교의 규모는 유생 70명과 예리 2명이었다. 현재 남아있는 건물은 대성전, 동무, 서무, 명륜당, 동재, 서재 등이 있는데 서울에 있는 성균관이 정종 2년(1400)에 화재로 손실된 후 태종 7년(1407)에 복원을 진행하면서 영광향교의 배치를 참고했다고 한다. 향교 안의 건축물들은 직사각형의 평탄한 대지 위에 앞쪽으로 대성전을, 뒤쪽에 명륜당을 두고 있는 전묘후학 형식이다. 두 공간 사이를 담장으로 나누고 담장 왼쪽 끝에 있는 문으로 다니도록 했다. 이런 건물 배치 형식은 전국에 그리 많지 않은 구조이다. 영광향교는 1985년 2월 25일에 전라남도 유형문화재 제125호로 지정되었다.

주소 전라남도 영광군 영광읍 향교길 32
문의 061-352-1180

대나무 숲이 병풍처럼 둘러져 있는
영광 신호준 가옥

운치를 즐기며 눈이 호사를 누리는 고택으로의 여행은 늘 기대로 가득하다. 신호준(辛鎬俊) 가옥을 찾아가기 위해 영광읍 입석리 원입석 마을로 갔다. 마을에서 제일 먼저 눈에 들어오는 건물은 경로당과 정자이다. 신호준 가옥은 연건평 108평이라는 큰 규모를 자랑하는 고택이니 당연히 마을에서 가장 잘 보이리라 기대했다. 그런데 대로에서는 쉽게 눈에 띄지 않는 마을 위쪽 한적한 곳에 터를 잡고 있었다. 골목에서 자연스레 이어지는 담을 따라 집으로 다가가 보니 키 큰 나무들과 힘차게 뻗어 올라 간 대나무들이 병풍처럼 집을 감싸 안고 있어 여행자의 마음까지 품어주는 듯했다. 아름다운 자연을 벗 삼아 조용함을 즐겼던 집주인의 모습이 그려지는 그림 같은 고택이다.

TIP 신호준 가옥은 대로에서는 쉽게 띄지 않는 마을 위 쪽 한적한 곳에 터를 잡고 있다.

신호준 가옥은 영월 신 씨(寧越辛氏)의 종가이다. 가옥의 구성은 안채를 비롯하여 사랑채, 사당, 곡간채, 진광채, 안측간채, 방아실채, 행랑채, 사랑 측간채, 중문 간채, 솟을대문 간채로 총 11동이 있다.

명정(命旌) 현판이 걸려있는 대문을 지나면 대문채 또는 행랑채라고 하는 조선시대 양반집 구조가 그대로 남아있다. 대문채는 주로 곳간과 광, 고방으로 사용되었으며 이에 붙어있는 행랑방은 솔거노비의 거처로 남자 청지기와 머슴들의 처소로 사용되었다. 솔거노비는 주로 주인과 같이 살거나 주인집 근처에 거주하면서 직접적인 노동력을 제공하는 노비를 말한다.

먼저 사랑채로 가보자. 사랑채의 건축 연대는 상량문에 숭정기원후 사년병진팔월초(崇禎紀元後四年丙辰八月初)라고 적혀있어 철종 7년(1856)에 지은 건물임을 알 수 있다.

조선시대의 사랑채는 주로 집주인이 될 장손이 거처했으며 서로 안면이 있거나 지체 높은 손님이 머물기도 했다. 신호준 가옥의 사랑채 앞에는 문을 열면 바로 보이는 위치에 정원을 정성들여 조성해 놓았다. 사랑채 각 방 뒤편에는 골방을 두어 일종의 저장 공간으로 사용했으며 천장에는 다락이 있다. 사랑채는 앞뒤로 마루를 둔 '一'자형 4칸의 집이다. 건물의 짜임새는 2고주 5량의 형태이며 지붕은 홑처마 팔작지붕이다. 사랑채 건물 기단의 상면에 팔각형의 화강암 세면대가 있다. 지금은 찾아볼 수 없지만 예전에는 말을 기르는 마구간인 마방(馬房)과 정자가 있었다고 한다. 조선시대에는 집을 지을 때 제일 먼저 안채와 사랑채의 건물이 앉아있는 방향을 정하고 다른 건물들을 기능적으로 조화되도록 배치했다. 신호준 가옥의 안채와 사랑채의 건물 방향은 남동향이다. 대지는 크게 2단으로 윗단에는 안채를 중심으로 여자들의 공간을, 아랫단에는 사랑채를 중심으로 남자들의 공간을 두었다. 두 공간인 안채와 사랑채는 드나드는 문도 각각 달리하고 있는데 솟을삼문(문간채)을 들어섰을 때 안채는 방앗간채로, 사랑채 공간은 중문 간채를 통하여 들어간다.

두 공간의 동선을 명확하게 구분하고 있는 이러한 2단 구조는 조선시대 양반 주택의 일반적인 특성이기도 하다. 안채와 사랑채 사이에는 석축으로 경계를 두었고 계단을 만들어 제한된 구역에서만 서로 왕래할 수 있도록 했다. 안채 툇마루에 앉아보니 이곳에서 살아온 사람들의 이야기가 곳곳에서 숨을 쉬는 듯하다. 안채 구조는 중부지방에서 흔히 볼 수 있는 'ㄱ'자형 평면이다. 이 건물에서 정면으로 튀어나온 부분을 횡각(橫閣)이라고 하는데, 풍수적으로 부족한 것을 보충하기 위한 구조이다. 안채는 가로 칸이 1고주 4량, 세로 칸은 3량이며 지붕은 홑처마 팔작지붕이다. 안채 역시 사랑채와 비슷한 시기인 철종 7년(1856)에 다시 지어진 것으로 추정한다. 사당은 안채 뒤쪽 대지의 우측 높은 곳에 위치하고 있어 전형적인 양반집의 배치형식을 따르고 있다.

본래 안채 우측에 있었으나 신굉규(辛宏珪)의 아들인 휘상(徽常) 대에 현재 위치로 옮겼다. 조선 초기에 영월 신 씨가 영광으로 이주해온 것은 신보안(辛保安)과 아들 신사구(辛斯龜) 부인의 고향이라는 인연이 있었기 때문이다. 임진왜란을 전후로 신응순(辛應純), 신응망(辛應望)을 배출하면서 영월 신 씨 가문이 유명해졌다. 이후 고종 29년(1892)에 신굉규가 명정(命旌)되면서 현재의 건물 규모는 이때에 이르러 완성된 것으로 보인다. 신호준 가옥은 문화재로 보존가치를 인정받아 1988년 12월 21일 전라남도 민속자료문화재 제26호로 지정되었다.

주소 전라남도 영광군 영광읍 입석길1길 151-16

 작가노트

신호준 가옥은 현재에도 후손들이 고택에서 생활하고 있다. 다행스럽게도 후손이 살고 있어 집에 온기는 식지 않고 있으나 200년 가까운 오랜 역사를 고스란히 안고 있는 이 고택은 앞으로의 세월을 이겨내기에는 너무 고단해 보였다. 개인의 의욕만으로는 점점 사라져 가는 고택을 제대로 복원하고 보존하기는 매우 어려운 일이다. 지금으로부터 100년 후에도 우리의 선조들이 어떤 모습으로 살아왔는지 당당하게 보여 줄 신호준 가옥은 존재할 수 있을까? 조심스레 걱정이 된다. 나무는 살아서 천년 죽어서 천년을 산다고 한다. 미래에도 당당하게 우리의 멋을 뽐낼 수 있도록 신호준 가옥의 연구와 보존에 정부가 적극 나서 주길 부탁해 본다.

아는 만큼 보여요

POINT ✓ 한옥

지붕의 종류

맞배지붕

우진각지붕

팔작지붕

모임지붕

아흔아홉 칸이란?

한옥의 규모를 말할 때 사용하는 칸(間)은 면적을 나타내는 기본 단위로 기둥과 기둥 사이를 주칸이라고 하며 각각 1주칸을 1칸이라고 한다. 조선시대 양반집 아흔아홉 칸이라고 하면 방이 아흔아홉 개가 아니라 집의 칸수를 말하는 것이다.

기단의 역할

기단이란 집의 가장 아래에 놓이는 공간으로 지면보다 높게 집을 높여주는 역할을 한다. 우리나라는 4계절이 뚜렷해 여름의 비와 겨울에 내리는 눈, 지면에서 올라오는 복사열이나 습기로부터 목조 건물인 한옥을 보호하기 위해 기단을 놓았다.

주심포양식이 뭘까?

기둥을 주심(柱心)이라고 하는데 기둥 위에만 공포를 배치한 것을 주심포양식이라고 한다. 공포는 지붕의 무게를 떠받치게 하기 위해 짜 넣은 구성물이다. 주심포 양식은 고려시대를 대표하는 건축양식이다.

'신호준 가옥이 2고주 5량의 구조이다'는 무슨 의미일까?

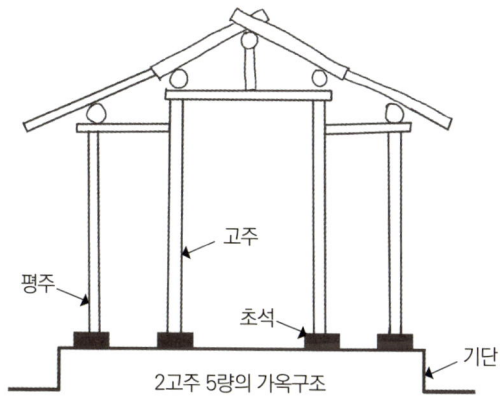

2고주 5량의 가옥구조

한옥의 기둥은 길이에 따라 고주와 평주로 나뉜다. 지붕이 'ㅅ' 모양이므로 안쪽 기둥은 밖의 기둥보다 길게 된다. 긴 기둥을 고주라고 하고 밖의 짧은 기둥을 평주라고 한다. 량이란 집의 정면에서 보았을 때 기둥 위에 놓이는 수평부재를 뜻한다. 2고주 5량이란 2개의 긴 기둥과 5개의 수평부재가 있는 건물이라는 뜻이다. 우리 옛 선조들은 집을 지을 때 지붕은 뭐고 고주는 몇 개 들어가고 량의 수를 얘기하면 집을 짓는 사람이 바로 알기 때문에 설계도가 필요 없었다. 참고로 한옥은 못을 박지 않고 짜맞춤만으로 집을 짓는다.

한옥의 착시현상 교정법

집은 규모가 크기 때문에 가까운 곳과 먼 곳에서 볼 때 눈으로 느껴지는 차이가 생기는데 한옥을 지을 때 그 착시를 해결한 조상의 지혜가 놀랍다.
1. 귀솟음 기법: 집을 조금 떨어진 거리에서 보았을 때 원근감에 의해 집의 좌우가 내려앉아 보이는 착시현상을 교정하기 위한 방법이다.
2. 안쏠림 기법: 멀리서 보면 좌우 기둥 위가 벌어져 보이는 것을 교정하기 위해 귀에 있는 기둥을 안쪽으로 기울어지게 놓는다.
3. 배흘림 기법: 흘림을 주지 않으면 기둥의 중간이 홀쭉해 보여 원 기둥의 경우 1/3 지점을 가장 굵게 한다. 각기둥에 쓰이는 흘림기법은 민흘림이라 하며 아랫부분이 가장 굵고 위로 올라가면서 점차 가늘게 한다.

용감히 왜군에 맞서 싸운
임진수성사

영광군 묘량면에 있는 이규헌 가옥에 갔을 때 그 집에 살았던 이응종(李應種)이 임진왜란(선조 25년, 1592) 당시 의병장으로 영광성(靈光城)을 지키는 수성 도별장(성을 지키는 최고 책임자)이었다는 것을 알게 되었다. 임진왜란 때 영광에 어떤 일이 있었던 것일까? 영광읍 관람산 자락에 있는 임진수성사(壬辰守城祠)로 향했다. 2002년에 건립된 임진수성사(壬辰守城祠)는 영광초등학교를 지나 영광 군립도서관으로 가면 오른쪽에 위치해 있어 찾아가기 쉽다.

1592년 4월 왜군이 부산진성과 동래성으로 쳐들어와 순식간에 조선 땅을 짓밟았던 임진왜란 당시 영광군 군수 남궁견은 부친상 중이라 부재중이었다고 한다. 1592년 8월 27일 이응종을 비롯하여 지역선비와 고향을 떠나 있던 선비들 55명이 모여 영광을 지키자는 동맹을 맺은 후 읍성 방위와 행정업무를 자치적으로 수행했다. 영광의 유림들이 읍성을 지킨 기간은 1592년 10월 18일부터 이듬해 2월 28일까지 약 5개월간이었다. 그들은 부서를 24개로 편성하고 각 부서의 책임자를 배정하여 수성군 방위조직을 갖추었다.

임진수성사는 임진왜란을 피해 도망가지 않고 용감히 왜군에 맞서 싸워 목숨을 바친 55명의 애국 충정 정신을 기리는 사당이다. 임진수성사에 도착하면 맨 처음 임진수성비가 맞아 준다. 외삼문인 숭의문(崇義門)은 의를 숭상하는 영광 선비들의 마음을 담았고 수성사 안으로 들어가면 오른편에 있는 수성사 묘정비가 임진수성의 내역을 기록하고 있다.

수성사의 기둥에는 구국, 정의, 수성 등 당시의 결연했던 의지를 담은 글이 적혀 있다. 사당으로 가면 당시 영광을 지키다가 목숨을 바친 55현의 위패가 봉안되어 있다. 사당 중앙에는 수성 도별장 이응종의 위패가 놓여 있다. 영광성을 지키던 당시의 상황을 자세하게 기록한 영광 임진수성록은 1998년 2월 5일 전라남도 문화재자료 제201호로 지정되었다. 1748년 영광에 시찰하러 들른 어사 한광회가 수성장 이하 의병들의 후손인 정치형 외 18명에게 당시의 기록을 적은 글들을 책으로 펴낼 것을 권하여 목판본으로 간행한 것이다. 영광 임진수성록은 수성명첩(守城名帖), 수성법, 수성방위 사례 등을 실어 1책 21장으로 구성했다. 책 끝에 "상지이십구년계유중추개간우봉정사(上之二十九年癸酉中秋開刊于鳳停寺)"라는 내용이 있어 영조 29년(1753)에 장성군에 있는 봉정사에서 인쇄된 것임을 알 수 있다. 임진왜란 중에 영광군의 읍성을 지켜낸 사례와 향촌에 있던 사림들의 전란 극복 의지가 소상히 기록된 문헌자료로 역사적 가치가 높다.

주소 전라남도 영광군 영광읍 중앙로 228-75

시장이 주는 정겨움
영광5일장 🌱

영광5일장은 영광터미널 근처에 있는 영광터미널 전통시장과 한국전력공사 주변에서 매월 1일과 6일에 열린다. 참고로 매월 1일, 6일, 11일, 16일, 21일, 26일이 영광의 장날이다. 도착한 시간이 너무 늦었는지 하나 둘 장사를 정리하고 있었다. 오늘 장사는 어땠는지 묻는 여행자에게 "오늘은 장에 사람도 별로 없고 영 신통치 않아. 일요일이 장날이면 사람들이 덜 나와" 그러신다. 평일이어야 병원에 오고 은행에 볼일 보러 나오는 사람들이 영광터미널에 내려 오고가며 물건을 사 간다고 한다.

정리하는 시간이라 장날 구경은 제대로 못했지만 대추를 예쁘게 말려 간식거리로 파는 분이 덤을 산 것보다 더 많이 줘서 신이 났다. 영광에서 유명한 명소도 좋지만 전통시장 구경은 영광 지역의 특색과 삶을 그대로 느낄 수 있는 곳이라 꼭 들러보라고 권하고 싶다. 다양한 영광의 특산물과 시골의 인심, 사람 사는 모습을 만날 수 있어서 보는 것만으로도 따뜻해지는 여행이 된다.

영광종합터미널 전통시장은 터미널과 딱 붙어있어 여행을 마치고 돌아가는 길에 들르면 물건을 사서 바로 집으로 가져가기 좋다. 특히 장날에는 직접 재배한 채소와 산나물 등 각 지역의 특산물들이 나오게 되니 좋은 물건을 저렴하게 살 수 있는 좋은 기회이다. 농어를 사니 판매한 가게에서 아이스박스에 포장해서 택배로 원하는 주소로 바로 보내준다. 멀리서 온 여행자에게는 손이 가벼워 고마운 시장이다. 영광종합터미널 전통시장 지하에는 현지인들만 아는 맛집 타운이 있다. 순댓국과 족발을 파는 식당들이 여럿 모여 있는데 직접 만든 토종순대와 족발 맛은 전국에서 최고이다.

영광5일장이 서는 곳
영광고추특화시장 전라남도 영광군 영광읍 신남로 100-26

TIP 영광종합터미널

기차역이 없는 영광은 모든 대중교통이 영광종합터미널에서 버스로 이동한다.
▶ **서울방향** 서울, 동서울, 성남, 고양(백석), 안산, 안양역, 인천, 부천(소풍), 인천공항
▶ **전북방향** 전주, 고창, 정읍, 군산, 대야행
▶ **전남방향** 광주, 목포, 원흥, 해룡, 법성, 홍농 등

주소 전라남도 영광군 영광읍 신남로 184
문의 1666-3360

POINT V 영광 모싯잎송편

영광군 대표 특산품 영광 모싯잎송편은 2017년 5월 24일 국립농산물 품질관리원으로부터 지리적 표시 제104호 등록증을 수여받았다. 영광군에서 생산되는 쌀, 모시, 동부로 만든 모싯잎송편에 국가 인증 브랜드를 사용할 수 있게 됐다. 특히 지리적표시는 생산된 지역을 표시하는 데 그치지 않고 대한민국을 대표할 만한 명품의 품질과 명성 및 역사성을 갖춘 지역 특산물에만 주어지기 때문에 시장 차별화와 품질향상을 꾀할 수 있으며 국가가 보호하고 인정하는 지역 명산물로 중점 육성할 수 있게 된 것이다. 예전부터 영광지역 농촌에서는 여름철이 되면 모싯잎으로 송편을 만들어 이웃과 나눠 먹으며 고된 농사일을 달랬다. 그러던 것이 몇 십 년 전 한 할머니가 노상에서 팔기 시작하며 영광의 특산품으로까지 발전되었다. 모싯잎송편은 일반 송편보다 2~3배 큰 크기에 고물로 동부가루를 넣은 것이 특징으로 자극석이지 않고 슴슴한 맛에 찰진 식감이 매력이다. 또한 식이섬유와 아미노산 등이 다량 함유되어 있고 특히 칼슘이 우유의 48배나 많이 들어 있어 건강 간식으로 알려졌다. 모시는 생반죽을 할 수 있어 송편으로 만든 후 바로 냉동 보관하여 택배로 배송하면 가정에서 먹고 싶을 때 꺼내 쪄서 먹으면 방금 만든 떡처럼 맛이 있다는 장점이 있다. 영광 모싯잎송편이 전국적으로 사랑받으면서 영광 지역에만 150여 개의 떡집이 있을 정도로 인기이다.

모싯잎송편이 맺어 준 연분

옛날에 최 선비는 한양에 과거시험 보러 갔다가 낙방하여 고향으로 돌아오고 있었다. 길에서 산적을 만나 노잣돈은 물론 두루마기조차 다 빼앗기고 두들겨 맞아 정신을 잃고 말았다. 시간이 한참 지나 정신을 차려보니 하얀 소복을 입은 여자가 자기를 지켜보고 있어 귀신을 만났는 줄 알았다. 그녀는 부모님 산소에 가는 길이었는데 최 선비가 쓰러져 있어 정신이 들기만을 기다렸다고 한다. 처녀의 부모님은 전염병으로 같은 날 돌아가셨는데 오늘이 제삿날이라 살아생전 좋아하는 모싯잎송편을 싸가지고 성묘 가는 길이었다. 죽어가던 최 선비는 모싯잎송편을 먹고 기운을 차려 무사히 집으로 돌아갔다. 최 선비는 영광에서 제일가는 부잣집 삼대독자였다. 이 이야기를 들은 최선비 부모는 가마를 처녀의 집으로 보내 데려와 며느리로 삼았다. 결혼하는 날 다른 음식들과 함께 모싯잎송편을 충분히 준비해 사람들을 배불리 대접하였다. 이 일로 영광은 모싯잎송편으로 유명한 고을이 되었다.
〈참고자료 영광군 민속자료, 신령스런 천년의 빛 속을 거닐다〉

친환경 대중 골프장
에콜리안 영광CC 🌱

영광군과 국민체육진흥공단이 조성한 9홀 규모의 친환경 대중골프장인 에콜리안 영광CC는 새로운 시스템과 부담없는 가격으로 누구나 골프를 즐길 수 있는 공공 스포츠 복지시설이다. 2014년 개장한 에콜리안 영광CC는 영광의 탁 트인 자연경관을 잘 살려 호평을 받고 있는 친환경 대중 골프장으로 골퍼들에게 심신의 피로를 풀어주는 안식처가 되고 있다. 에콜리안 영광CC의 특징은 넓은 페어웨이와 자연환경을 활용한 언듈레이션(Undulation), 자동 유도선 셀프 전동카트 시스템, 한눈에 내려다보이는 확 트인 전망, 1·7·8·9홀에 조명을 설치해 야간에도 골프를 즐길 수 있다. 코스에 심어진 잔디는 중지(페어웨이), 켄터키 블루그라스(Tee), 벤트그라스L-93(그린)로 편안한 라운딩을 할 수 있다. 클럽하우스에는 샤워실, 락카룸, 휴게실, 고객용 컴퓨터 등의 편의시설이 있으며 쉬어가기 좋은 공간으로 푸드카페가 있다. 에콜리안 영광CC에서 골프를 치면 9홀을 라운딩하는 동안 영광의 특징을 모두 돌아볼 수 있는 재미가 있다.

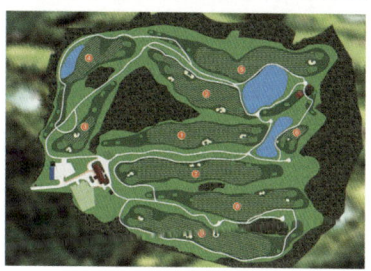

1홀은 백수해안도로, 2홀은 가마미, 3홀은 상사화, 4홀은 노을, 5홀은 불갑산, 6홀은 천일염전, 7홀은 백합, 8홀은 모싯잎, 9홀은 영광 굴비로 영광의 명소와 대표 먹거리를 소개하는 홀로 구성되어 있다. 에콜리안 영광CC는 천혜의 자연경관과 함께 캐디 없이 운영되는 시스템이라 부담 없는 비용으로 이용할 수 있어 인기가 있다. 더 알뜰한 가격을 생각한다면 홈페이지 클럽 소식에서 다양한 할인 이벤트를 이용할 수 있다. 에콜리안 영광CC는 회원제가 아닌 대중골프장으로 효율적인 예약 관리를 위해 위약제도를 시행하고 있다. 예약자가 입장하지 않는 경우에도 당일 예약 취소와 같은 위약규정을 적용하고 있음을 알아두자.

주소 전라남도 영광군 영광읍 월현로1길 40
문의 1800-9399
홈페이지 yg.ecolian.or.kr

몸에 좋은 영광 찰보리 보리올
보리홍보체험관

조선시대 문인 김시습은 그의 나이 28세(세조 9년, 1463)에 호남지방을 여행하면서 시를 지었는데 그때의 시를 엮은 책이 탕유호남록(宕遊湖南錄)이다. 내용을 살펴보면 김시습이 영광 법성포와 염산의 바닷가를 갔을 때 감탄하였다는 내용이 해시(海市)에 나온다.

또한 〈영광군에서〉라는 제목의 시에는 麥浪風前軟(맥랑풍전연)이라는 구절이 있다. '보리물결은 바람 앞에 부드럽고'라고 해석할 수 있어 예로부터 영광군은 보리의 고장이었음을 알 수 있다.

영광군은 2010년 보리산업특구로 지정받아 보리를 전략산업으로 키우고 있다. 영광군에서도 군남면 지역에 집중적으로 보리를 심어 보리산업의 메카로 발전시키고 있다. 또 한편으로 보리를 밥과 함께 먹는 방법 이외에 식품으로 만들어 판로를 개척하고 있다.

대마면 동삼로에 위치한 보리홍보체험관으로 가면 영광의 보리식품 브랜드 '보리올'의 제품들을 만날 수 있다. 영광에서 재배한 보리는 일반 보리에 비해 흡수율이 높고 퍼짐성이 좋다. 일반 보리에 비해 콜레스테롤 억제효과가 높고 찰기를 형성하는 아밀로펙틴이 다량 함유되어 있어 부드러운 빵과 떡을 만들기 좋다. 또한 수용성 식이섬유인 베타글루칸이 쌀의 약 50배, 밀이 약 7배를 함유하고 있고 지방과 탄수화물의 함유량이 낮다. 피로 해소에 도움이 되는 비타민 B와 혈압 유지에 도움이 되는 칼륨이 다량 함유되어 있어 몸에 좋은 찰보리로 거듭나고 있다. 이러한 보리로 만든 다양한 제품을 체험할 수 있는 곳이 바로 영광 보리홍보체험관이다. 이곳에는 찰보리 빵, 찰보리 가루, 찰보리 쌀, 찰보리 과자, 찰보리 순차, 찰보리 식혜, 찰보리 탁주 등 몸에 좋은 찰보리 제품들이 진열되어 있다. 보리홍보체험관에서는 제품 판매뿐 아니라 보리 제품의 시식과 보리음료 시음, 보리식품의 제조과정을 살펴볼 수 있는 공장 견학과 직접 보리 쿠키, 보리 막걸리, 보리 초콜릿 등을 만들어 볼 수 있는 체험 프로그램을 운영하고 있다.

주소 전라남도 영광군 대마면 영장로 248
문의 061-352-7733

영광의 향토 문화를 알고 싶다면
영광군 농업기술센터 민속유물관

군서면에 있는 영광군 농업기술센터에는 영광의 향토 문화를 살펴볼 수 있는 민속유물관이 있다. 아이와 함께 영광여행 중이라면 한 번쯤 둘러보기 좋다. 입구의 작은 석등이 고풍스러운 분위기를 연출하는 민속유물관 안으로 들어서면 한가운데에 신랑·신부 인형과 그 사이에 놓인 가마가 보인다. 아이를 데려온 부모라면 TV에서나 볼 수 있는 옛날 결혼식 풍경에 관해 설명해줄 수 있는 흥미로운 자료이다. 섬에서 사용하는 갈이 기구인 상아형 따비나 쩐지, 씨아와 같은 전시물 앞에서는 어른들도 고개를 갸웃한다. 궁금한 것이 있으면 직원의 설명을 통해 좀 더 깊이 있는 설명을 들을 수 있다. 또한 임금님이 직접 채점한 시권(과거시험 답안지) 등 차별화된 향토문화를 엿볼 수 있다. 이 외에도 사극 드라마에서 봤을 법한 문풍지, 서예도구, 달구지 바퀴, 짚신, 탕건을 포함한 생활용품 800여 점과 갈이 기구, 물관리 기구, 수확 기구, 운반 기구 등 민속유물 1,500여 점이 동선을 따라 전시되어 있다.

전시된 유물들은 실제 사용한 손때가 묻어 있는 것들로, 故이기태 영광군 향토문화연구회장이 수집·소장했던 유물을 기증받아 전시하고 있다. 여기에 군민들의 적극적인 협조로 한 점, 한 점 수집된 물품들이 추가됐고 역사 속으로 사라져 가는 것을 안타까워한 직원들의 발품으로 지금의 전시관이 갖춰졌다.

낯설다면 낯설고, 친숙하다면 친숙한 옛 생활 도구들을 보며 아이들은 상상력을 발휘해 조상들이 생활에서 사용했던 도구들이 어떻게 변해왔는지 이해하고 민속 문화를 친숙하게 느끼는 기회가 된다. 야외에는 작은 정원이 조성되어 있다. 절구통과 항아리를 화분으로 활용해놓은 센스가 엿보인다. 초가지붕 아래 앉을 수 있는 공간이 있어 잠시 햇빛을 피하고 쉬어 가기 좋다.

주소 전라남도 영광군 군서면 백수로 1481
문의 061-350-5572
관람시간 09:00~18:00(동절기 11월~3월 17:00) 휴관 없음 입장료 없음

품위를 간직한
군서 회화나무

회화나무는 한여름에 흰 꽃이 꽃대가 휘어질 정도로 많이 핀다. 꽃은 염료로, 잎은 구황식품으로, 열매는 약으로 사용되어 어느 것 하나 버릴 것 없는 고마운 나무이다. 다듬어주지 않아도 스스로 아름다운 생김새로 빨리 자라는 장점이 있어 깨끗한 품격을 지니고 있다 하여 귀한 대접을 받는 나무이다. 회화나무(槐花樹)를 의미하는 한자 槐(괴)는 고목나무 껍질에 생긴 옹이 때문에 붙여진 이름이다. 槐(괴)는 귀신과 나무를 합쳐서 만든 한자로 잡귀를 물리치는 나무라는 뜻이다. 그래서 조선시대 궁궐의 마당이나 출입구 부근, 서원이나 향교 등 공부하는 곳에 악귀를 물리치는 의미로 회화나무를 심었다고 한다. 19세기 초에 그려진 동궐도에서도 창덕궁에 심어 놓은 회화나무를 볼 수 있다. 회화나무는 중국 궁궐에서 특별히 사랑받았는데 중국 주나라는 조정 앞에 회화나무를 심어서 사람들이 조정을 괴정(槐庭)이라 부르기도 했다. 중국에서는 회화나무의 꽃이 필 무렵 과거시험 중에 진사시험을 치렀기 때문에 이 시기를 괴추(槐秋)라 했다.

또한 중국에서는 궁궐에 건축을 지을 때 회화나무 심는 것을 원칙으로 했는데 궁궐의 외조(外祖) 삼공(三公: 영의정, 좌의정, 우의정)의 자리는 회화나무를 심어 특별석임을 나타냈다. 이러한 이유로 회화나무는 고위관직의 품위를 나타내는 뜻으로도 사용되었고 우리나라도 궁궐을 비롯해 고위관직의 집 안에 품위의 의미로 심었다고 한다. 낙향하여 내려 온 선비들이 고향 땅에 심기 시작하면서 우리나라 전국 어디서나 전통을 자랑하는 양반마을에는 회화나무를 볼 수 있게 되었다. 영광군지를 살펴보면 가사리 마을은 1597년 무렵 김해 김 씨가 이곳으로 들어와 살면서 마을이 시작되었다고 한다. 영광 군서 회화나무는 수령이 약 400년 정도로 추정되니 마을이 형성되면서 심은 것으로 보인다. 누가 심었다는 기록은 없으나 심은 이후 대대손손 보호하여 오늘에 이르고 있다. 이곳의 회화나무는 신기한 이야기가 전해오고 있다. 나라가 뒤집어지는 전쟁을 지켜볼 때는 잎이 고사한 것처럼 보이다가 전쟁이 끝나 평화로워지면 다시 잎이 푸르러졌다고 한다. 수백 년의 시간 동안 질곡의 역사를 지켜보며 사람과 함께 슬픔을 같이 나눈 나무 이야기이다. 두 번째 이야기는 나무 옆에 있는 우물물을 마시면 힘센 장사가 태어난다는 전설이 있었는데 임진왜란 때 왜군이 이곳의 우물을 메워버려 마을에서 장사가 나오지 않는다고 한다. 전쟁을 치르며 힘들게 삶을 이어가던 사람들이 나무가 마을을 지켜주는 수호신으로 믿고 신성시했음을 알 수 있다. 또한 가사리 마을에 임진왜란이라는 아픈 역사를 나무에 반영하고 있는 이야기이기도 하다.

주소 전라남도 영광군 군서면 가사길1길 46-4

"쉿, 너만 알고 있어.
꽉 찬 여행일정보다는 여유 있는 여행계획이
더 좋은 여행을 할 수 있단다."

PART1. 영광 지역여행

남부여행

**염산면 낙월면 군남면
불갑면 묘량면**

영광 천일염전
백바위 해변
야월교회
설도항
염산교회
칠산타워
향화도항
낙월도
송이도
안마도
불갑사
영광 불갑산 상사화축제
불갑저수지수변공원
수은강항 내산서원
영광 매간당 고택
연흥사
지내들 옹기돌탑공원
영광 이규헌 가옥
영광 묘장영당

영광굴비 맛의 원천
영광 천일염전 🌱

영광을 여행하다 보면 어디서든 바람이 살랑살랑 분다. 서해안 칠산 바다에서 불어오는 바다 바람이다. 법성으로 부는 바람은 참조기를 맛있는 굴비로 만들어 주는 고마운 바람이다. 77번국도 서남해안 일주도로를 따라 칠산타워를 향해 내려가다 보면 상사리에 풍력발전단지가 나온다. 바닷바람을 이용해 에너지를 만들고 있다. 바다 그리고 논과 들로 이어져 색다른 풍경이다. 염산면으로 조금 더 내려오면 이번에는 하늘을 담은 염전이 끝도 없이 펼쳐진다. 염전도 바람이 풍부해야 가능한 일이다. 영광은 바람 부자다. 아니 바람이 영광 사람들을 부자로 만들어 주고 있다.

굴비 하면 영광이고, 영광 하면 굴비이지만 곡우 때마다 칠산바다로 밀려오던 조기들이 자취를 감춘 지 오래다. 지금은 제주도 인근 추자도와 목포에서 조기를 잡는다. 그러나 여전히 영광굴비를 전국 최고로 치는 것은 영광 천일염 덕이다. 영광의 굴비 염장법은 양쪽 아가미와 입, 몸통에 천일염을 뿌려 수분을 빼고 간이 적당하게 배도록 하는 섶간을 한다. 섶간은 조기의 맛이 물로 빠져나가지 않도록 하고 살을 단단하게 유지시켜 준다. 이때 사용하는 천일염은 2~3년 보관해 간수를 충분히 뺀 소금이라 깊은 맛이 나고 단맛까지 풍기며 부드럽게 부서진다. 다른 지역 천일염은 입자가 단단해서 살이 부드러운 조기에 그대로 뿌리면 상처가 나기 때문에 소금물에 담구는 염장을 할 수밖에 없어 영광굴비 맛을 따라오기 힘들다고 한다. 굴비 맛을 좌우하는 영광의 천일염이 나오는 곳은 염산 두우리갯벌이다. 두우리해변의 물이 썰물로 빠져나가면 18km의 긴 갯벌이 드러난다.

두우리갯벌은 세계 5대 갯벌 중 하나이다. 추운 겨울에는 바닷물이 갯벌을 다 씻어내 바다로 데려간다. 이듬해 봄이 되면 갯벌이 차오르기 시작해 여름이 되면 갯벌이 제대로 층을 만든다. 해마다 새로운 청정갯벌이 만들어지는 것이다. 봄부터 가을까지 이 갯벌을 지나온 바닷물은 미네랄이 가득 담긴 영광 천일염이 된다. 영광은 예로부터 쌀, 소금, 목화, 눈이 많아 사백(四白)의 고장이라 불렸으며 바람과 일조량이 풍부한 두우리갯벌은 천 년 전부터 소금 생산지대로 명성이 높았다. 그래서 지명 역시 염산(鹽山)이다. 신라시대에는 지금의 염산 지역을 소금이 바다를 이룬다는 의미의 염해(鹽海)라 불렀고 고려시대와 조선시대는 소금을 굽는 곳이라는 의미의 염소(鹽所)라 했던 기록이 남아 있다.

지금도 영광군 염산면은 국내 천일염의 10~15%를 생산해 신안 다음으로 전국에서 두 번째로 큰 천일염 생산지다. 영광 천일염은 염도가 낮고 칼륨 등 미네랄이 풍부해 맛은 물론 건강에도 좋다. 위생적인 작업 환경과 체계적인 관리로도 유명하다. 도자기 소재를 사용한 바닥에 환경호르몬 걱정 없는 소재로 만든 해주와 소금창고 등 기존의 염전보다 위생을 한층 강화한 친환경 염전을 운영하고 있다.

세계적으로 인정받는 영광의 천일염을 즐길 수 있는 방법이 두 가지 있다. 하나는 직접 염전에서 천일염을 만들어보는 체험이고 또 다른 하나는 염전 풍광을 감상하며 둘레길을 걷는 것이다. 영백염전에서 운영하는 체험 프로그램은 천일염이 만들어지는 전 과정을 알아보고 체험할 수 있다.

자녀와 함께 공부여행을 준비하고 있다면 꼭 방문해보자. 체험프로그램 신청은 최소 일주일 전에 전화(061-350-8575)로 문의해야 한다. 소금 채취 작업 체험은 계절이나 날씨에 따라 불가능할 수도 있으니 참고하자. 둘레길은 일명 설도항 둘레길로, 염산면사무소에서 출발해 설도항과 염산 방조제를 지나 염전과 청보리밭을 지나는 12km의 코스다. 바닷바람, 갯벌, 염전, 청보리밭 이 모든 것을 보고 즐길 수 있는 길이다.

영백염전
주소 전라남도 영광군 염산면 칠산로9길 185-86
문의 061-352-9301
홈페이지 www.youngbeck.com

 작가노트

모든 소금이 나쁜 것이 아니다. 소금 섭취량의 수치만으로 옳고 그름을 판단하는 것은 잘못이다. 과다한 소금 섭취는 몸에 나쁘니 무조건 싱겁게 먹으라는 잘못된 인식이 식문화로 이어져 현대인에게 홀대받는 소금이 되었다. 소금이라고 다 같은 소금이 아니다. 몸에 나쁜 소금은 천일염이 아니고 정제염이다. 자연을 거스르지 않고 만든 천일염은 사람 몸에 이롭다. 음식을 분해하는 위액에 소금이 있으면 소화활동에 도움을 준다. 소금은 필요한 영양분을 에너지로 바꾸고 노폐물을 배설하도록 돕는다. 혈관을 깨끗하게 청소하고 피의 흐름을 좋게 한다. 몸에 들어온 나쁜 균들을 살 수 없게 하는 해독작용을 한다. 뇌의 기능을 활성화하는 데 도움을 주기 때문에 좋은 소금을 먹으면 몸은 건강해지고 머리는 좋아진다. 최근 음식 트랜드는 좋은 소금 한가지로만 맛을 내는 웰빙 식단이라고 한다. 이제부터 우리나라 천일염인지 확인하고 좋은 소금으로 만든 음식을 먹자.

아는 만큼 보여요

POINT ✓ 염전

◀ 대파: 소금을 모을 때나 결정지의 염전 바닥을 청소할 때 사용한다.

◀ 소파: 대파가 닿지 않는 구석 부분을 밀 때나 염전 도랑을 청소할 때 쓴다.

▲ 소금바구니: 소금을 옮길 때나 긁어 담을 때 사용한다. 대나무나 짚으로 만들어 소금물이 잘 빠진다.

▲ 외발수레: 소금을 소금 창고까지 옮길 때 사용한다. 요즘은 레일을 깔아 플라스틱 소금 통으로 옮긴다.

우리나라 천일염은 미네랄의 보고

갯벌을 논처럼 만들어 바닷물을 태양과 바람으로 증발시켜 생산하는 갯벌 천일염(天日鹽)은 칼슘, 마그네슘, 칼륨이 수입소금보다 세 배나 더 많다. 천일염으로 담근 김치, 된장, 간장, 고추장, 젓갈 같은 전통 발효식품이 몸에 좋을 수밖에 없는 까닭이다. 우리 민족은 예로부터 짜고 매운 간장 고추장을 먹고도 5천년을 잘 지내왔는데 그 비밀은 소금이다. 오래전에는 소금이 너무도 귀했지만 최근에는 흔하게 생각하는 게 소금이다. 소금이라고 다 같은 소금이 아니다.

소금에는 두 종류가 있는데 크게 천일염과 정제염으로 분류된다. 천일염은 바닷물을 염전으로 끌어와 바람과 햇빛으로 수분과 함께 유해 성분을 증발시켜 만든 가공되지 않은 소금으로 우리나라에서는 수심이 깊지 않고 조수 간만의 차가 큰 서해안이나 남해안에서 많이 생산된다. 정제염은 바닷물을 전기분해하여 얻어낸 염화나트륨(NaCl) 98% 이상의 결정체이다. 국내산 천일염은 미네랄 성분이 우수한 세계 최고의 영양 소금이다.

천일염 갯벌축제가 열리는
백바위 해변

두우리갯벌에서 노송이 우거진 해안을 따라 걸어가면 하얀색 바위들을 만나게 된다. 이곳에는 유난히 하얀색 바위들이 모여 있어 백바위라고 부른다. 해안가와 백바위를 연결한 다리를 건너면 마치 바다 위에 떠 있는 듯 멋진 정자가 기다리고 있다. 백바위 정자에서 바라보는 수평선은 시야가 툭 트여 기분까지 시원하게 해 준다. 백바위가 있는 곳에 바닷물이 빠져나가고 나면 세계 5대 갯벌 중 하나인 드넓은 두우리갯벌이 나온다. 이곳에서 아이들과 함께 게, 조개, 해조류 등을 잡으며 즐거운 체험여행을 할 수 있다. 밀물 때는 바닷물이 넘실대는 풍경이 경쾌하다. 또한 밝은 낮과 해질 무렵의 일몰 풍경이 주는 분위기가 달라 같은 장소에서 여러 가지 이미지를 경험할 수 있는 신비함이 있다. 노송 사이로 보이는 해변과 정자로 떨어지는 낙조의 풍경은 한 폭의 그림 같아 누구나 멋진 인생 사진을 찍을 수 있는 곳이 백바위 해변이다. 매년 이 곳에서 영광 천일염 갯벌축제가 열리는데 그 기간에는 많은 사람들이 찾아오지만 평소에는 매우 조용하고 한적한 곳이다.

주소 전라남도 영광군 염산면 칠산로 899

 영광 천일염 갯벌축제

갯벌 천일염 축제는 세계 5대 갯벌의 하나인 서해안 칠산 앞바다에 분포한 갯벌의 우수성을 알리기 위하여 개최되는 축제이다. 영광 갯벌 축제의 가장 큰 특징은 직접 갯벌을 느낄 수 있다는 것이다. 미네랄이 풍부한 갯벌의 진흙을 온몸에 바르고 갯벌 줄다리기, 갯벌 기마전, 갯벌 닭싸움, 뻘배 타기, 갯벌 장어 잡기, 갯벌 보물찾기 등의 체험을 하다 보면 어느새 갯벌과 하나가 되어 있는 자신을 발견하게 될 것이다.

축제시기 매년 7월 하순
주소 전라남도 영광군 염산면 백바위 해변 일원

아픔을 치유하는 시간
야월교회

백수해안도로를 지나 염산 방향으로 접어들어 백바위를 지나면 붉은색 벽돌 건물로 지은 야월교회가 보인다. 한국기독교 순교 사적지 제20호로 지정된 야월교회는 어린아이부터 성인까지 65명 전 교인이 모두 순교한 교회다. 숫자와 상관없이 전 교인이 순교 당한 교회는 전 세계적으로 찾아보기 힘들다. 염산 지역은 6·25 한국전쟁이 일어나기 전부터 남로당 세력이 사람들을 포섭했고 치안이 불안했던 지역이었다. 여순사건을 진압하기 위해 주둔하던 군 병력이 염산면으로 이동해 북한군을 진압하면서 북한군이 야월의 뒷산으로 숨어들었다.

당시 야월교회 신도였던 정문성 씨(야월교회 정일성 집사의 동생)가 부상당한 북한군을 목격하고 신고하게 된다. 이 사실을 알게 된 북한군은 야월교회 교인들을 포함한 개신교 신자들에게 큰 반감을 갖게 되었다. 미처 퇴각하지 못한 북한군은 복수를 위해 야월교회 전교인 65명을 무참히 학살했다. 1908년 유진벨 선교사에 의해 세워진 예배당은 이때 소실되었고 현재의 예배당은 1977년에 신축된 것이다. 1990년에야 비로소 죄 없이 죽어간 교인들을 위로하는 순교기념탑이 세워졌다. 이후 2005년 기독교인 순교기념관이 지금의 자리에 지어졌다. 65인 순교자의 순교 자료와 순교정신을 담기 위해 세워진 기념관이다. 전시 공간은 전시실, 기념관, 추모관으로 나누어져 있다. 전시실은 한국 선교의 시작, 호남지역의 기독교 역사, 일제의 탄압과 한국교회, 한국전쟁과 야월교회 순서로 되어 있다. 이곳에서는 영광의 기독교인 학살 당시의 모습과 더불어 우리나라 기독교의 역사를 볼 수 있다. 또한 순교자의 순교 현장을 재현하는 전시물과 초기 한국 기독교 성경과 찬송가가 보관된 고서 자료실이 있다.

기독교인 순교기념관에서 가장 눈길을 끄는 것은 건물을 뚫고 올라간 2층 높이의 거대한 손이다. 기념관 안에 있는 두 손이 서로 맞잡고 있는 조형물로 제목은 '맞잡은 손'이다. 상처 난 한쪽 손은 순교자들의 아픔을 표현하고 있고 다른 손은 기독교의 하나님을 상징한다. 더 나아가 당시 사건의 가해자들을 증오하는 것이 아니라 보듬고 용서하여 같은 비극이 다시는 일어나지 않도록 두 손을 맞잡고 평화의 미래로 나아가자는 메시지를 담고 있다.

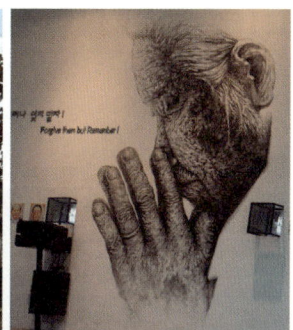

추모관의 벽에는 '용서하자, 그러나 잊지 말자!'라는 글귀가 적혀 있다. 예루살렘에 있는 야드 바 홀로코스트 박물관에 적혀 있는 구절과 같다. 전시관 밖으로는 순교 기념공원이 조성되어 있다.

'우리는 살아서 말하고 당신들은 순교로 말합니다. 우리는 입으로 고백하고 당신들은 목숨으로 고백합니다'로 시작하는 고훈 목사의 시비를 볼 수 있다. 야월교회에서 보내는 평화의 메시지가 세상으로 멀리 멀리 울려 퍼지길 기원해본다.

주소 전라남도 영광군 염산면 칠산로 565
문의 061-352-9147

젓갈로 유명한
설도항

서남해안 일주도로를 타고 백수해안도로를 지나 칠산타워 방향으로 가는 길에 작은 어촌마을 포구가 있다. 눈이 내린 섬이라는 이름의 낭만적인 설도항(雪島港)이다. 오래전부터 젓갈로 유명해서 설도항 젓갈은 한 번도 못 먹어 본 사람은 있어도 한 번만 먹은 사람은 없다고 한다. 젓갈 맛을 아는 사람이라면 해마다 그 맛을 잊지 못해 찾아오는 곳으로 이곳에 가면 맛있는 젓갈을 저렴한 가격에 구입할 수 있다. 설도는 원래 바다로 둘러싸여 있는 섬이었다. 농사를 지을 땅이 없는 섬이었기 때문에 어업에 의존해서 살았다.

설도 주변에 물고기가 얼마나 많은지 배를 타고 바다로 나갈 때마다 만선이 되어 돌아왔다고 한다. 장에서 팔고 남은 물고기를 말리기도 하고 염장 보관하였던 것이 설도항 젓갈의 시작이다. 일제강점기에 간척사업이 이루어지고 설도 관문이 건설되면서 육지와 이어진 바닷가 항구가 되었다. 지금도 칠산 앞바다에서 직접 잡은 새우, 멸치, 황석어 등을 직접 담가 숙성시켜 판매하는 젓갈 가게들이 줄지어 있다. 설도항 젓갈이 맛있는 이유는 새우, 멸치 등 신선한 국내산 해산물에 쓴맛이 없고 맛이 깊으며 미네랄이 풍부한 영광 천일염으로 삭히기 때문이다. 설도항에는 다양한 젓갈이 있지만 그중에서도 가장 유명한 젓갈은 새우젓이다. 새우젓은 평소에도 인기가 많지만 새우가 가장 맛있는 6월에 담근 육젓을 최상품으로 친다. 새우 살이 통통하게 그대로 살아 있는 좋은 젓갈은 김치를 담가먹어도 좋지만 그대로 무쳐 먹어도 별미다. 5월에 담근 오젓이나 가을에 담근 추젓은 반찬용으로 많이 쓰인다. 특히 김장철이 되면 김장용 젓갈을 사기 위해 전국에서 사람들이 모여든다.

이곳 젓갈로 담근 김치는 맛이 진하고 시원하기로 유명하기 때문이다. 새우젓과 함께 낙지젓, 오징어젓, 명란젓, 가리비젓, 갈치속젓 등 많은 젓갈들이 판매되고 있다. 젓갈도 유명하지만 백합, 생새우, 소금과 함께 설도항은 4가지 먹거리가 좋아 4미(味)항구라는 별칭으로도 부른다. 젓갈 이외에 어선이 바다에 나가 그날 막 잡아 올린 생선을 설도항에서 바로 판매하기 때문에 펄떡거리는 횟감, 낙지, 꽃게, 전어 등을 저렴하게 구매할 수 있다. 또한 반건조하거나 말린 자리돔, 민어, 서대 등의 생선들과 다양한 종류의 건새우를 살 수 있다.

설도항은 항구 풍경과 걷기 좋은 '칠산갯길 300리' 그리고 세계적인 순교지로 손꼽히는 염산교회 등 둘러볼 곳이 많다. 특히 항구 주변 음식점들은 갓잡은 제철 생선으로 조리한 음식을 판매하고 있어 맛있는 여행을 즐길 수 있다.

설도항 젓갈타운

젓갈은 입맛이 없거나 별다른 반찬이 없을 때 밥과 함께 먹으면 한 끼 식사를 뚝딱 할 수 있게 하는 맛있는 음식이다. 설도항은 전국 생산량의 약 30%를 차지할 만큼 많은 양의 젓갈을 생산하고 있다. 설도항에서 판매되는 젓갈은 갓 잡은 생선들을 품질 좋은 영광 천일염에 절여 저온 숙성해 짠맛이 적고 고소하다. 설도항 젓갈타운은 젓갈을 직접 담근 역사와 전통을 자랑하는 상인들의 가게가 빼곡하게 들어 서 있다.

주소 전라남도 영광군 염산면 향화로5길 21-22

한국기독교 순교사적지 제1호
염산교회

백제불교가 최초 도래한 법성포, 원불교의 발상지 백수읍, 천주교 신자들이 박해받고 순교한 영광읍, 기독교 순교지인 야월교회와 염산교회가 자리한 염산면까지 4대 종교의 역사 유적지가 영광에 모여 있다. 영광은 불교, 원불교, 천주교, 기독교 교인들에게는 빼놓을 수 없는 성지이다. 영광의 4대 종교 중에서 염산면에 있는 야월교회와 염산교회는 한국기독교 역사의 중요한 순교 사적지다. 특히 설도에 자리한 염산교회는 6·25 한국전쟁 때 77명이 순교한 한국 최대의 기독교인 순교지로 한국기독교 순교 사적지 제1호이다.

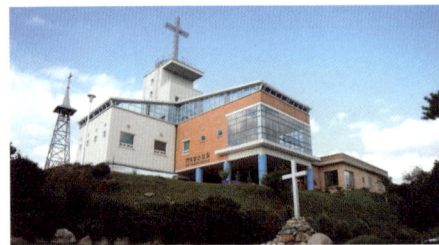

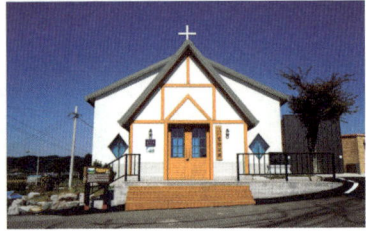

야월교회와 더불어 신자들이 가혹하게 학살된 원인은 6·25 한국전쟁과 이념 갈등에서 비롯되었다. 북한군은 기독교사상이 공산주의 유물론적 세계관을 위협한다는 이유로 기독교인들을 어른 아이 할 것 없이 몽둥이와 죽창으로 무참히 살해하고 교회에 불을 질렀다. 목사의 가족들에게 서로를 살해하라 명령했다. 심지어는 설도 수문에서 돌멩이를 매달아 바다에 빠뜨렸다. 염산교회 1·2·3대 목회자 전원과 77명의 교인(전 교인의 4분의 3)이 순교하기까지 걸린 시간은 3개월이었다. 도망가기에 충분한 시간이었지만 그들은 도망 대신 그리스도 사랑을 증거하며 믿음을 지켰다. 염산교회에 들어서면 순교자들을 합장한 거대한 봉분과 순교 기념비, 그들을 추모하는 돌무더기 위에 세워진 십자가가 그 아픈 역사를 말해주고 있다. 순교 기념공원 낮은 담장에는 당시 수문에 쓰였던 기계 부속들이 올려져 있다.

현대화 사업으로 철거된 것을 교회 앞마당으로 옮겨 놓은 것이다. 흰색의 작은 예배당은 6·25 한국전쟁 당시 소실되었던 염산교회의 옛 예배당이다. 전란과 학살의 아픔을 상징하고 순교자들을 위한 보금자리를 마련하기 위해 옛 예배당 터에 예전 모습 그대로 복원했다. 순교 자료전시관과 순교 교육관 안에서는 한국 교회의 역사를 살펴볼 수 있는 약 200여 점의 자료 및 유물이 전시되어 있다. 이 중에는 죽창, 대검 같은 당시 북한군들이 사용한 무기들이 전시되어 있어 마음을 무겁게 한다. 벽면에 적혀 있는 77인 순교자의 이름을 눈으로 하나하나 어루만지며 읽어본다. 죽음을 피할 수 있는 시간이 있었음에도 두터운 신앙으로 순교한 그들의 마음을 생각하며 눈을 감고 잠시 기도를 해본다. 염산교회에서는 그들의 아픔과 믿음을 조금이나마 느낄 수 있는 순교 체험을 해볼 수 있다. 순교자들이 끌려갔던 것처럼 돌을 매달고 순교탑을 돌고, 수문이 있는 바닷가 순교 현장에서 찬송과 기도를 하고 순교 신앙으로 결단하고 돌아오는 체험이다. 사전에 예약하면 방문자들은 원하는 시간에 자유롭게 체험이 가능하다.

교회에서 설도항이 있는 아래쪽으로 조금 내려가면 순교자들의 흔적과 함께 기념탑이 세워져 있다. 염산교회와 야월교회의 순교자를 포함해 영광지역에서 순교한 사람들의 순교 당시 모습이 조각된 탑이다. 염산교회 예배당에서 마을을 돌아 순교자들이 최후를 맞은 설도항까지 이어지는 길은 아름다운 풍경이 펼쳐져 더욱 마음을 아프게 한다.

주소 전라남도 영광군 향화로5길 34-30
문의 061-352-9005

영광군 해양관광 랜드마크
칠산타워

칠산바다를 바라보고 향화도에 우뚝 솟아있는 칠산타워는 전라남도에서 가장 높은 111m의 전망대이다. 타워 모양은 영광의 대표 특산품인 굴비의 비늘과 파도, 바람, 태양을 조형화했다. 111m의 높이는 영광군 11개 읍면이 하나 되자는 의미라고 한다. 규모는 부지 4432㎡, 총면적 2169㎡, 지하 1층, 지상 3층이다. 총사업비 112억 원을 투자해 8년의 긴 시간을 공들여 2016년 3월 21일에 개장했다. 1층에는 여객대합실과 매점, 크로마키 포토존, 물고기 홀로그램, 특산품 판매점이 있고 2층으로 올라가면 향토음식점, 회센터, 어민회관이 입점해 있다. 타워의 하이라이트인 3층 전망대에는 스카이워크, 전망대 망원경, 전자방명록이 있다.

전망대에 오르면 광활하게 펼쳐진 칠산 앞바다와 주변 육지가 한눈에 들어와 탄성을 지르게 한다. 전망대에 있는 망원경으로 360도 주변 경관을 살펴보면 영광군의 낙월도, 송이도, 안마도와 염산면에 있는 봉덕산과 쥐섬, 무안군의 망대봉, 도리포 봉대산, 닭섬, 신안군의 어이도 등 서해의 섬들을 볼 수 있다. 해질 무렵에는 바다를 빨갛게 물들이는 아름다운 노을빛이 화려함의 절정을 이룬다. 투명 유리 위 스카이 워크에 올라서면 바다 위를 걷는 듯하고 멀리 칠산바다 위로 떠있는 배들이 장난감처럼 보인다. 국도 77호선을 따라 영광대교, 백수해안도로를 지나 설도항 젓갈타운을 거쳐 칠산타워에 이르는 드라이브 코스는 이미 관광명소로 자리 잡았다.

주소 전라남도 영광군 염산면 향화로 2-10
문의 061-350-4965
입장료 성인 2,000원 청소년 1,500 어린이 1,000원
운영시간 하절기(3월~10월) 오전 9시~오후 8시
　　　　　 동절기(11월~2월) 오전 10시~오후 6시

 전라남도 지역 타워 높이

땅끝전망대(39.5m)
완도타워(76m)
정남진 전망대(45.9m)
고흥 우주발사 전망대(52m)
진도타워(60m)

ZOOM IN 칠산대교

칠산대교는 국도 77호선(부산~인천) 중 영광군 염산면 봉남리에서 전남 무안군 해제면 송석리를 잇는 영광~해제 구간으로 2019년 12월 18일 차량 통행을 시작했다. 총 사업구간은 9.52km이며 해상교량의 길이는 1.82km, 차로 폭은 11.5m(2차로)의 교량이다. 칠산대교의 개통으로 우회해서 돌아가는 소요시간 70분(62km)을 5분(3km)으로 65분(50km) 단축시켰다. 지역민과 관광객에게 시간적 경제적 절약뿐 아니라 전남 서남권을 하나로 묶어 해양관광벨트를 조성함으로써 새로운 관광시대를 여는 상징물이 될 것으로 기대를 모으고 있다. 서해안 고속도로 영광IC를 통해 칠산대교를 이용하는 수도권 관광객이 증가되면 칠산타워는 영광군 해양관광의 허브 역할을 하게 된다. 영광군은 칠산타워 주변에 인근 방파제를 활용한 수변공원, 분수대, 야외 체험장, 산책로 및 운동시설, 광장 등을 조성할 예정이다.

ZOOM IN 향화도항

향화도항은 염산에 위치한 아담한 항구이다. 영광군에 속한 섬은 유인도 10개, 무인도 54개로 총 64개의 섬이 있다. 칠산바다를 끼고 있는 이 섬들은 청정지역으로 하나하나 특색 있는 절경을 가지고 있다. 그중에서도 영광의 대표적인 섬 낙월도, 송이도로 가는 정기 여객선을 타는 곳이 바로 향화도항이다. 승선표는 칠산타워 1층에 있는 여객대합실에서 구매한다. 낙월면사무소가 있는 낙월도는 새우와 묵석으로 유명하다. 향화도항에서 배를 타고 낙월도까지는 60분이 걸리며 여객선은 하루 3회 운항한다. 송이도는 흰 조약돌 해변과 하루 두 번 열리는 드넓은 바닷길이 신비롭다. 향화도항에서 송이도까지는 1시간 30분이 걸리고 하루 2회 운항하고 있다. 향화도항에는 전라남도에서 가장 높은 크기의 영광 칠산타워가 있으며 향화도 앞 목섬과 민닭섬을 배경으로 펼쳐지는 붉은 노을이 유명하다.

진달이 섬
낙월도

낙월도(落月島)의 순 우리말은 '달이 지는 섬'이라는 뜻을 가진 진달이 섬이다. 영광 법성포에서 낙월도로 지는 달을 보면 바다로 달이 떨어지는 듯 보여 붙여진 이름이라고도 하고 섬의 모양이 초승달 모양과 비슷하여 붙여졌다고도 한다. 지명 유래에는 내려오는 전설이 있는데 백제가 나당 연합군에 의해 망하자 백제의 왕족이 배를 타고 바다로 피난하다가 항로를 잃고 달이 질 때 이 섬에 정착하였다고 하여 이때부터 진달이 섬으로 부르게 되었다고 한다.

낙월도가 속해 있는 낙월면은 영광군의 3개 읍, 8개면 중 하나이다. 고려시대에는 안마도, 송이도, 낙월도, 임자도, 재원도 일대의 섬이 임치현에 속해 있었으며 조선시대에는 진월도(珍月島)라는 기록이 남아있다. 1914년 지방행정구역 개편에 따라 지도군에서 영광군으로 편입되었다. 낙월도는 낙월면의 면사무소가 있어 향화도항에서 출발하는 배가 하루에 3번 운항되어 영광의 섬 중에 교통편이 가장 좋다. 공공기관으로 낙월면사무소, 영광경찰서 낙월파출소, 우체국, 목포해양경찰서 낙월출장소가 있으며 초등학교, 보건지소, 공중목욕탕이 있다. 낙월도는 상낙월도와 하낙월도 두 개의 섬으로 이루어져 있는데 중간에 차량이 다닐 수 있는 480m 길이의 연도교인 진월교가 생기면서 하나의 섬이 되었다.

상낙월도 선착장에서 오른쪽 달바위 방향으로 가다가 땅재고개를 지나 섬 뒤편으로 넘어가면 부드러운 모래가 펼쳐진 갈마골해변이 나온다. 양 옆으로 기암괴석이 청정해변과 어우러져 경관이 매력적이다. 물이 쭉 빠져나간 모래사장 끝에 고운 머드가 펼쳐져 한여름에는 온몸에 바르며 즐거운 해수욕을 할 수 있고 간조 때는 1km 해상에 100ha 정도의 넓은 모래등이 나와 맛조개를 잡을 수 있다. 낙월도는 갈마골해변 아래쪽에 작은 갈마골해변이 있고 하낙월도에 장벌해변이 있다. 물놀이하기 좋은 해변이 세 개나 있지만 아직 여행자들에게 입소문이 나지 않아 여름에도 한산해서 호젓하게 즐기기 좋다. 낙월도는 여행객이 몰려드는 관광지 섬이 아니라 이 섬에서는 큰 식당은 없고 민박집에서 식사를 할 수 있다.

낙월도는 트레킹을 즐기기에 최고의 섬이다. 코스는 상낙월도 선착장에서 시작해 해안코스를 따라 걷다가 두 섬을 이어주는 진월교를 넘어 하낙월도로 이어진다. 산릉은 동서로 발달하고 있으며 최고점이 120m으로 가파른 길이 없고 경사가 완만하다. 덕분에 남녀노소 누구라도 어렵지 않게 두 섬을 완주할 수 있다.

상낙월도 코스는 선착장에서 달바위를 지나 대계미에서 두 갈래로 갈라진다. 시간 여유가 있다면 곧장 오른편 바닷길을 따라 윗머리를 돌아 갈마골해변에서 땅재고개로 이어지는 길을 선택하면 된다. 빨리 걷고 싶다면 대계미 갈림길에서 후박나무가 숲을 이룬 땅재고개를 넘어, 갈마골해변에 들렀다가 바위 두 개가 솟아있는 쌍복바위를 돌아 진월교로 향한다. 하낙월도 코스는 상낙월도에서 출발했다면 진월교를 지나 오른편 길로 가서 낙월도 최고의 경치이자 낚시터인 외양바지를 둘러보고 할미골, 당넘매, 장버래 쉼터를 지나 장벌해변에서 하낙월도 선착장으로 온다.

 야속하기만 한 태풍 '셀마'

낙월도는 1960년~1980년대까지 전국 새우의 생산량 50%를 차지하던 새우잡이의 황금어장 터였다. 새우 덕에 부유했던 섬은 새우를 잡는 배가 최고 400척 있었고 1965년에는 인구가 4,000명을 넘기도 했었다고 한다. 1987년 셀마 태풍 때 낙월도 어선 12척이 난파되고 선원 54명이 한꺼번에 목숨을 잃는 일이 생겼다. 낙월도에는 태풍 셀마로 숨진 선원들을 위로하기 위해 남쪽 바다를 보고 세워진 위령비가 있다.

적당한 바람이 살랑살랑 부는 길을 걷고 있으면 쓸데없는 생각이 달아나 눅눅했던 마음이 뽀송뽀송해진다. 툭 트인 바다색과 초록빛 풀향이 가득한 낙월도 풍경은 예쁜 그림을 보는 듯하다. 전망이 좋은 곳에는 천천히 감상할 수 있도록 전망대가 마련되어 있고 곳곳에 벤치가 있어 담소를 나누며 천천히 아름다운 섬길을 만끽할 수 있다.

낙월도는 새우의 고장이다. 새우잡이는 매년 4월 말에 시작해서 10월 말까지 한다. 청정지역인 낙월도 인근에서 5월경에 잡은 새우를 염장한 오젓, 6월에 잡은 육젓, 8월부터 10월까지 잡은 추젓은 뒷맛이 개운하고 담백하기로 유명하다.

이 중 육젓을 최고로 치지만 동절기에 잡는 동새우 역시 맛이 좋아 과거에는 임금님께 올리는 진상품이었고 일제강점기에는 말린 새우를 군수품으로 징발당하기도 했다. 지금은 주로 김장김치에 넣고 있는데 발효가 잘되고 그 맛이 감칠 나 인기가 높다. 새우는 일 년 내내 잡혀 그 덕분에 새우를 먹으려고 몰려오는 민어, 농어, 부서, 가오리, 주꾸미, 꽃게, 돌게, 전어, 도미도 잡는다.

 낙월도 운항정보

운항노선 향화도 ⇔ 낙월도(20.5㎞)
소요시간 60분
운항시간 하절기(4월~10월) 3회 운항 07:30, 10:30, 15:30
　　　　　동절기(11월~3월) 3회 운항 07:30, 10:30, 14:30
편도요금 5,500원(일반인)
문의 061-283-9915

 작가노트

영광의 조기는 유명하지만 영광의 조기가 유명할 수 있었던 일등공신이 칠산바다에 있는 섬들 덕분이었다는 것을 아는 사람은 드물다. 칠산바다를 끼고 있는 이 섬들은 청정지역으로 하나하나 특색 있는 절경을 가지고 있다. 그중에서 영광의 대표적인 섬으로 낙월도, 안마도, 송이도가 있다. 낙월면사무소가 있는 큰 형 낙월도는 새우와 묵석으로 유명하다. 둘째인 안마도는 기암괴석들이 절경이며 서해바다의 끝섬으로 듬직하게 영해를 지키고 있다. 볼거리 즐길 거리가 다양한 막내 송이도는 흰조약돌 해변과 하루 두 번 열리는 드넓은 바닷길이 신비롭다. 영광의 삼형제 섬은 야생화가 핀 섬길을 걸으며 조용히 사색하기 좋고 한여름 휴가철에도 번잡하지 않아 나만의 휴가를 호젓하게 즐기기 좋다.

어서 오라고 반기는 섬
송이도

송이도는 선착장에 내리자마자 오른쪽으로 끝없이 펼쳐진 송이도해변이 인상적이다. 보통의 섬들은 선착장에서 먼 곳에 해변이 위치해 걸어가기 힘든 경우가 대부분인데 섬의 관문인 선착장 옆, 마을 앞에 위치해 있어 여행자들은 마을에 숙소를 정하고 바로 나와 편리하게 해수욕을 즐길 수 있다. 송이도 몽돌해변의 조약돌은 해안절벽에서 흘러내린 돌들이 오랜 시간 동안 조류에 다듬어져 동글동글 귀엽다. 돌 위를 맨발로 걸으면 피로가 풀리는 지압 효과가 있고 돌 사이로 바닷물이 오고 갈 때는 경쾌한 소리가 즐거워 송이도만의 즐거움이 더해진다.

썰물 때면 신기하게도 송이도와 대이각도 사이에 하루에 두 차례 바닷길이 열린다. 섬 주민들은 물때에 맞춰 매일 연등개라 부르는 고개를 넘어 모래등으로 향한다.

10여 년 전부터 섬 주변에 물이 빠지면서 2시간 정도 모래등이 생겨 섬주민들이 영광군의 대표 먹거리 맛조개와 백합을 채취하고 있다. 송이도 사람들은 맛조개를 '맛'이라 부르는데 맛이 많이 난다고 해서 이곳 모래등을 '맛등'이라고 부른다. 드넓은 바닷길은 폭이 약 250m, 길이가 약 5km로 걸어서 왕복 약 1시간 30분이 소요된다. 물이 빠지는 순간 드러나는 길은 경운기로 이동이 가능할 만큼 단단한 모랫길이다. 물길이 생기는 장면을 보면 신비한 바다 세계의 매력에 환호하게 된다. 바닷길이 열리면 송이도 주민들에게는 수입원이 되고 여행자들에게는 자연스레 맛조개, 대합, 바지락을 캐는 어촌 생태학습장이 된다.

송이도는 몽돌해변으로부터 해안선으로 이어지는 산책로가 있다. 마을에서 해안 산책로를 향해 걷다 보면 다른 섬에서는 보기 드물게 논과 밭이 눈에 들어온다. 깊은 산 덕분에 다른 섬에 비해 물이 풍부하여 오래전부터 농사를 지어왔다. 농사에 물을 대기 위한 저수지가 섬 중앙에 있고 저수지 오른쪽에는 절터의 흔적인 석축이 있다. 마을에서는 팽나무 두 그루가 여행자를 반겨준다. 송이도 주민 말에 의하면 나무 수령이 천년을 넘었다고 한다. 송이도는 선사시대부터 사람이 살았던 흔적으로 패총과 무문토기 파편 등이 발견되어 천년 수령을 믿어도 좋을 것 같다.

사이좋게 서 있는 나무를 찬찬히 살펴보니 나무가 말을 할 수만 있다면 송이도가 처음인 여행자에게 섬의 오랜 역사를 우르르 쏟아낼 것만 같다.

마을을 뒤로 하고 해안을 따라 돌아가면 곳곳에 해식애가 발달되어 눈길이 가는 곳마다 푸른 바다와 어우러져 경관이 아름답다. 섬을 탐방하는 길에 만나는 큰냇기몽돌해변은 선착장에서 내려 바로 만난 하얀 조약돌 해변과는 사뭇 다른 장엄한 스케일을 자랑한다. 송이도 해안 산책로는 총 6.4km로 해돋이, 낙조, 바다경치를 즐길 수 있고 야생화가 여행자를 반겨주는 걷기 좋은 길이다. 마을 뒷산에 전국 최대 규모의 왕소사나무 군락지가 있다고 해서 산으로 향했다. 얼마 가지 않았는데 섬이라는 것을 잊을 정도로 산이 깊고 계곡에는 맑은 물이 흐르고 있었다.

송이도는 무장등(147m), 왕산봉(161.2m), 내막봉(110.9m) 등 비교적 기복이 큰 산지들로 이루어져 있다. 덕분에 섬에서 귀하다는 마실 물이 퐁퐁 충분하게 나오고 계절마다 자연산 산나물이 가득해서 살기 좋은 섬의 조건을 고루 갖추고 있다. 숲이 깊으니 꿩, 흑로, 황조롱이 등 조류가 41종이나 서식하고 있다. 왕소사나무 군락지로 향하는 길은 푸른 바다와 어우러지는 풍경이 빼어나 걸음을 멈추고 한참을 서 있게 한다.

기분 좋은 숲길을 만끽하며 도착해 보니 50~200년 수령의 왕소사나무가 106그루가 있다. 이곳의 왕소사나무 군락지는 특이하게도 해안가가 아닌 산 정상부에 있고 높은 밀도로 생장하고 있으며 느티나무, 팽나무, 예덕나무, 해송 등의 수림이 외부를 둘러싸고 있다. 그런 까닭에 1991년 6월 27일 산림유전자원 보호림으로 지정하여 보호하고 있다. 왕소사나무들을 살펴보니 한가운데 마을의 당제를 지내던 흔적이 남아 있다. 송이도에서 가장 신성시되던 장소로 이곳에서 매년 정월 초하루에 마을 주민들이 모두 모여 안녕과 풍어를 위해 제를 지냈다고 한다.

 송이도 운항정보

운항노선 향화도 ⇔ 송이도(22.8km)
소요시간 1시간 30분
운항시간 하절기(4월~10월) 2회 운항 08:00, 14:30
　　　　　동절기(11월~3월) 2회 운항 08:00, 14:00
편도요금 8,200원(일반인)
문의 061-279-4277

가고 싶은 섬
안마도

안마도는 먼 바다에 위치해 있어 파랑의 영향을 많이 받아 섬 주변은 해식애, 해식동, 시스택이 발달해 있는 리아스식 해안이다. 그래서 안마도의 매력을 제대로 만끽하려면 배를 타고 해안을 따라 한 바퀴 돌아야만 가능하다. 말코바위, 흔들바위, 토끼바위, 손오공바위 등 장엄한 기암괴석들은 이름을 다 기억하기 힘들 정도로 많다. 병풍처럼 바다 위에 늘어선 써쿠리바위, 해가 비치면 용이 마치 여의주를 물고 있는 듯 보이는 용바위, 간조 때 문이 열리는 용궁굴, 아기를 낳게 해준다는 옥동자굴 등 각양각색의 바위와 동굴을 보고 있으면 절로 감탄이 나온다. 그곳에 다양한 희귀 식물들 그리고 60여 종의 새들이 어우러져 안마도에서만 볼 수 있는 아름다운 바다 풍경이 펼쳐진다.

안마도는 오래 전부터 서해안 어업 전진기지로 어업 의존도가 높아 당제, 뱃고사, 용왕제 등 다양한 해양문화유산이 풍부한 섬이다. 섬의 면적이 넓고 높은 산으로 둘러져 있으며 안쪽으로는 논농사도 지을 만큼 넓은 평지와 초지가 펼쳐져 아늑한 분위기이다. 칠산바다에 물 반, 고기 반으로 조기가 잡히던 시절에는 일 년 내내 밤에도 불이 꺼지지 않고 불야성을 이뤄 불등이라는 마을이 생기기도 했다. 조기가 칠산바다에서 사라진 지금은 찾아오기 힘든 뱃길 때문인지 그저 조용하고 한가롭기만 하다. 이곳에서 태어나고 자란 시인 이신은 안마도를 '별비가 내리는 섬'이라고 표현했다. 눈이 가는 곳마다 날 것 그대로의 자연이 매력인 안마도는 분주함에 지친 여행자를 품어주는 편안하고 느긋한 섬이다.

안마도에서 트래킹을 하고 싶다면 선착장을 중심으로 윗길과 아랫길을 선택하면 된다. 윗길은 월촌리 마을을 지나 신기리, 죽도로 이어진다. 신기리에서는 초록 잔디 위에 편안하고 느긋하게 삶을 즐기는 소를 만날 수 있다. 신기리 끝에는 죽도로 연결된 방파제가 있다. 아랫길은 안마도로 들어올 때 만났던 빨강 등대를 가까이에서 만져볼 수 있고 그곳에서 말코바위를 제대로 감상할 수 있다. 안마도는 대부분 암석으로 이루어진 가파른 절벽이지만 등대 방파제에서 돌아 나와 오른쪽 길을 따라가다 보면 모래로 이루어진 해안을 만난다. 안마항에서 아래쪽 영외리에 자리한 산넘어 해변은 조류(潮流)와 해류(海流)의 흐름에 따라 만들어진 사빈해안으로 청정한 바닷물과 고운 모래를 즐길 수 있다.

안마도의 드레깅 길은 매우 단순해 길 잃을 걱정이 없다. 한쪽으로는 다양한 야생화들과 눈을 맞추고 다른 한쪽으로는 파란 바다를 따라 걷는 해안길은 다른 섬에서는 보지 못한 고운 연분홍 길이다.

안마도는 건산(145m), 신흥봉, 뒷산(177m), 성산봉(167m) 등 기복이 큰 산지들로 둘러싸여 있고 섬 안쪽으로 가면 경사가 완만한 논이 나온다. 농사를 지으며 살고 있는 마을길을 걷다 보면 포근한 농촌 풍경이 펼쳐져 섬이라는 것을 잠시 잊게 된다. 안마도는 월촌리를 중심으로 위쪽으로 신기리, 왼쪽으로 영외리가 있다. 마을마다 입구에 300~400년 된 팽나무와 느티나무, 50년생의 곰솔림, 10m 높이의 후박나무가 제각각 군락을 이루고 있어 마을 풍경을 아름답게 해 준다. 특히 월촌경로당 앞에 있는 아름드리 팽나무는 마을을 지켜주는 듯 듬직하게 서있어 인상적이다.

과거에는 매년 정월 초하루에 노거수(老巨樹) 앞에서 당산제를 지냈다고 한다. 지금은 커다란 나무 아래 벤치가 놓여 있다. 느긋하게 걷다가 잠시 쉬어갔던 이곳은 안마도에서 느낀 따스한 풍경 중 한 장면이다. 안마도는 육지로부터 먼 바다에 위치한 까닭에 수심이 깊어 물이 맑고 깨끗하다. 기온은 인근 육지와 비교할 때 여름에는 1~2도 낮아 시원한 편이고 겨울에는 1~2도 높아 따뜻하다. 봄과 여름에는 맑은 날이 많고 파도가 잔잔한 편이나 가을과 겨울에는 비교적 흐린 날이 많고 파도가 높다. 안마도는 칠산바다에 어족자원이 풍부했던 시절에는 많은 배들이 드나들며 불야성을 이루었지만 1970년대 초반부터 칠산바다에서 조기가 사라지면서 섬 인구도 급속도로 감소했다. 칠산바다에 조기는 사라졌지만 안마도는 다른 섬에 비해 어종이 풍부한 편이다. 해안 어디에서나 돔, 농어, 숭어 등이 잘 잡히고 특히 방파제 주변에서 낚시가 잘된다. 그밖에 꽃게, 병어, 새우, 해삼 등의 어획량이 많고 야생약초를 먹고 자란 한우와 5월에 잡은 지네를 말려 독주에 넣어 만든 지네주가 유명하다.

TIP 가고 싶은 섬 안마도

안마도는 아름다운 생태 환경과 전통 문화자원을 활용한 풍부한 스토리텔링으로 특색을 살린 청정 생태 여행지로 가꿀 수 있다는 점에서 높은 평가를 받아 2020년 '가고 싶은 섬' 사업 대상지로 선정되었다.

우리나라의 영해기점 안마군도

전라남도의 섬 중에서 가장 북쪽에 있는 안마도의 면적은 4.327㎢, 해안선의 길이는 18.7㎞이다. 영광군의 섬 중에서 가장 큰 섬으로 면소재지가 있는 낙월도보다 다섯 배나 크다. 안마도는 북동쪽에는 석만도(石蔓島), 소석만도, 서쪽에는 죽도(竹島), 횡도(橫島), 남서쪽에는 오도(梧島)가 있는데 이 섬들을 함께 안마군도(鞍馬群島)라 부른다. 부속섬 중 하나인 죽도는 대나무가 많아 대섬이라고도 부르며 길이 81.7m, 폭 6m로 방파제를 쌓아 안마도와 연결했다. 횡도는 임진왜란 때 모든 섬들이 왜구의 침입을 받았는데 유일하게 이 섬만 비켜가서 비키섬이라 불렸으며 한자이름으로 횡도라 했다는 이야기가 전한다. 횡도는 안마군도에서 가장 외해에 속하기 때문에 서해 영해기점의 하나로 지정되어 있다. 안마도는 낙월면 출장소가 있고 1985년에는 3종 어항으로 지정되어 국내외 선박 피항지 역할을 하고 있다.

 ## 철마를 모시는 안마도의 지명유래

안마도라는 지명 유래를 살펴보면 조선시대 이곳으로 귀양 왔던 이사괴리는 사람이 섬의 모양이 말의 안장과 닮았다 하여 안마도라고 부르게 되었다고 한다. 다른 유래로는 말에 안장을 얹은 채 투구를 벗어 놓고 쉬는 장군의 형상과 같다 하여 안마도라고 불렀다고도 한다. 지명 유래에 관한 전설도 있는데 동촌에 살던 신씨 할머니 꿈에 중국인 장군이 나타나 자신의 유품을 건져 산에 모시고 제사를 지내 달라고 했는데 정말로 월촌리 당너머에 황해로 표류해 온 관(棺)이 있어 마을 주민들이 정성껏 묻어주고 제사를 지냈다고 한다. 관 안에는 돈과 철마가 있었는데 이후 안마도는 철마를 당신(堂神)으로 모시게 되었고 관 표면에 안장을 한 말의 조각이 새겨져 있었다고 해서 안마도라 부르게 되었다고 한다. 안마도 지명에 대한 정확한 기록은 없지만 모두 말과 연관이 있는 이유는 안마도에 조선시대에 국영목장이 있었기 때문이다. 세종실록지리지에 안마도 목장에 33필의 말을 방목한다는 기록이 있고 조선왕조실록에는 임금이 안마도의 양마(良馬)를 골라오도록 하고 안마도에서 말을 치기 편한가의 여부를 살펴 아뢰게 했다는 기록이 남아있다.

 ## 안마도 운항정보

운항노선 계마항 ⇔ 석만도 경유 안마도(43.3㎞)
소요시간 2시간 20분
운항횟수 1일 1회
운항시간 조석에 따라 출항시간이 07:30~15:00까지 달라지므로 안마도 여행을 계획할 때는 반드시 전화로 시간을 확인해야 한다.
편도요금 16,000원(일반인)
문의 061-283-9915

백제 불교의 시원
불갑사

불갑사는 봄이면 벚꽃, 여름에는 백일홍, 가을이면 붉은 꽃무릇이 만개한 아름다운 풍경이 일주문에서 해탈교까지 다채롭게 펼쳐진다. 일주문 앞 불갑사 주차장에는 오래된 느티나무가 그늘을 넓게 드리우고, 불갑산 호랑이의 전설이 깃든 호랑이 조형물을 포함해 여러 조형물이 포토존을 이룬다. 그 옆으로는 진노랑상사화를 포함해 자생하는 6종의 상사화가 있고, 그 뒤로 산림박물관이 있어 숲과 지역에 대한 역사·문화를 전한다.

아름답게 꾸며진 구간을 지나면 그제야 조용한 숲길이 나타난다. 키 큰 나무들이 조용히 반겨주고 좁게 흐르는 개울물 소리가 소란한 소리에 지친 귀를 씻어준다. 천왕문(天王門)으로 들어서면 3.5m 크기의 목조 사천왕상(四天王像)이 있다. 한국의 사찰에서는 일주문과 본당 사이에 천왕문을 세우고 나무로 깎아 만든 사천왕의 조각상을 모시는 것이 일반적이다. 이들은 각 방향에서 오는 악귀를 막아주는 수호신이다. 사천왕을 자세히 살펴보자. 불법을 수호하는 동방지국천왕은 칼을 들고 있다. 인간세계의 선악을 관장하는 서방광목천왕은 삼지창과 탑을 들고 있고 만물에게 덕을 베푸는 남방증장천왕은 여의주를 들고 있다. 부처님의 도량을 지키며 설법을 듣는 북방다문천왕은 비파를 들고 있다.

이곳에 있는 사천왕은 원래 전라북도 고창군 연기사(烟起寺)에 있었는데 연기사가 전소되어 1876년 불갑사로 옮겨졌다. 정유재란 때 전소되었던 불갑사는 연기사의 사천왕이 이곳에 온 이후 그들의 보호 덕분에 화재를 입지 않는다고 한다. 영광굴비의 본고장으로 잘 알려진 법성포는 옛날에는 훨씬 더 안쪽까지 물길이 이어져 있었다. 인도에서 중국 동진을 거쳐 법성포에 이른 마라난타 존자는 이 물길을 따라 모악산에 백제불교 최초의 사찰을 창건한다. 모든 절들의 시작이요 으뜸이 된다 하여 '부처 불(佛), 첫째 갑(甲), 절 사(寺)'를 써서 불갑사라 이름 붙였다. 이후 모악산의 이름도 불갑산으로 바뀌었다. 불갑사 대웅전에는 백제불교최초도래지에서 본 간다라 양식을 확인할 수 있는 특징이 있다.

첫 번째는 불갑사 대웅전 지붕에 있는 독특한 장식물이다. 용마루 가운데 도깨비 얼굴 모양의 석탑을 올리고 그 위에 구슬 모양의 보주를 얹었다. 인도에서 사용하는 스투파(Stupa) 양식이다. 스투파는 석가모니가 열반한 후 부처님 사리를 봉안하기 위해 조성한 일종의 사리탑이다. 스투파 양식은 네팔, 동남아 불교권과 남중국 등에 나타나는데 우리나라에서는 불갑사 대웅전이 유일하다. 두 번째 특징은 대웅전과 그 안에 모셔진 삼불상의 배치다. 대웅전의 정면은 서쪽을 바라보고 있고, 이곳에 모셔진 부처님들은 남쪽을 바라보고 앉아 있다. 대웅전은 정면과 우측면을 모두 출입문으로 사용하고 있는데 우측면에서 보아야 부처님을 정면으로 볼 수 있다. 이는 남방불교 양식으로 불갑사에 남아 있는 간다라 양식이다.

매년 9월이면 온 산을 붉게 물들이는 꽃무릇의 최대 군락지 불갑사지만 꽃 중의 꽃은 대웅전 꽃살문이다. 일반적인 사찰의 수수한 문과 달리 불갑사 대웅전 꽃살문은 화려한 색감과 문양을 자랑한다. 소슬꽃무늬와 보리수 문양 그리고 보상화문이 조각된 세 개의 문은 각각의 아름다움을 뽐낸다. 안으로 들어가면 불단에는 석가모니불, 약사여래불, 아미타불 세 분의 불상이 있다. 불단 위로 정교하게 조각된 닫집이 있다. 닫집 천장에는 용들과 연화봉, 구름과 극락조들이 현란하게 날아다니며 불국토를 재현한다.

불갑사는 보물 제830호 대웅전, 보물 제1377호 목조석가여래삼불좌상, 보물 제1470호 불복장전적 등을 비롯하여 팔상전, 칠성각, 만세루, 범종루, 천왕문 등 귀중한 문화재들을 품고 있다.

또한 오랜 역사만큼 많은 전설과 이야기를 간직하고 있다. 참식나무 전설, 상사화에 얽힌 전설을 비롯해 사천왕상, 꽃살문 등 불갑사에 담겨 있는 이야기는 무궁무진하다.

한나절 머무르고 떠나기 아쉽다면 템플스테이로 하루 이틀 묵어보는 것도 좋다. 템플스테이는 전통사찰에서 수행자들의 일상과 삶을 경험하는 사찰문화 프로그램이다. 불갑사 템플스테이는 맑고 고요한 산사에서 평화의 시간과 자기 자신의 참된 모습을 만나는 깨달음의 기회가 된다.

주소 전라남도 영광군 불갑면 불갑사로 450
문의 061-352-8097
홈페이지 www.bulgapsa.org

붉은 상사화의 물결
영광 불갑산 상사화축제

해마다 가을이 찾아오면 사람들이 불갑사로 구름처럼 몰려온다. 전국 최대의 상사화 군락지인 불갑사 관광지에서 상사화축제가 열리기 때문이다. 영광 불갑산 상사화축제는 상사화를 주제로 해마다 7일간 열린다. 축제 주요 프로그램으로 인도공주 상사화 퍼레이드가 있고 축제장 입구 포토존에서는 인도 공주를 만날 수 있다. 인도공주는 왜 불갑사 상사화축제에 온 것일까? 고개를 갸웃할 수 있다. 불갑사에 이렇게 많은 상사화를 꽃피울 수 있었던 것은 인도공주와의 인연이 있었기 때문이다. '이룰 수 없는 사랑'이라는 꽃말을 품은 상사화의 전설은 이렇게 시작한다. 불갑사에서 수행 중이던 경운스님이 불갑사를 창건한 마라난타 존자의 고향인 간다라지역으로 유학을 가게 되었다. 그곳에서 만난 간다라 쿠샨 왕의 공주와 첫눈에 반해 사랑하게 되었다. 이를 알게 된 왕이 화가 나서 스님을 추방하게 된다. 공주는 헤어지면서 내세에서는 반드시 사랑을 맺자는 약속을 하며 참식나무 한 그루와 씨앗을 주었다.

불갑사로 돌아온 스님은 정성껏 참식나무를 기르고 그 나무 아래에 씨를 심었는데 9월이 되자 붉은 꽃이 피었다. 그런데 신기하게도 잎이 모두 지고 난 뒤에야 비로소 꽃이 피어났다. 같은 시간에 잎과 꽃이 만나지 못하는 것을 보고 경운스님의 슬픈 사연을 떠올리며 꽃 이름을 상사화(相思花)라고 했다고 한다.

다행이라고 해야 할까? 슬픈 전설의 상사화를 보러 불갑사에 온 사람들은 끝없이 펼쳐진 붉은 꽃물결이 아름다워 행복한 웃음꽃을 피운다. 붉은 꽃들이 함께 어울려 군락을 이룬 모습은 어디서도 보기 힘든 장관이라 여기저기에서 탄성이 나온다. 걷기를 멈추고 하나하나 들여다보면 예쁘지 않은 꽃이 없다. 걷기만 해도 행복해시는 상사화를 실컷 보았다면 축제장 안에 마련된 향토음식점으로 가서 영광의 음식을 먹어보자. 바다를 곁에 둔 영광은 식재료가 다양하고 풍부해 그냥 지나치면 후회할 음식들로 넘쳐난다. 향토음식점 옆에는 멀리 가지 않아도 영광 전역에서 온 특산물을 손쉽게 구매할 수 있는 코너가 있다. 영광은 굴비가 대세지만 모싯잎송편, 천일염, 젓갈 등 살거리가 많다.

아는 만큼 보여요

POINT ✓ 불갑사

불갑사는 마라난타가 불법을 전할 때 간다라 미술양식을 들여왔음을 알게 해주는 특징이 있다.

1. 대웅전 지붕에 있는 독특한 장식물

용마루 가운데 도깨비 얼굴 모양의 석탑을 올리고 그 위에 구슬 모양의 보주(寶珠)를 얹었다. 인도에서 사용하는 스투파(Stupa) 양식이다. 스투파는 석가모니가 열반한 후 부처님 사리를 봉안하기 위해 조성한 일종의 사리탑이다. 우리나라에서는 불갑사 대웅전이 유일하다.

2. 남쪽을 바라보시는 부처님

대웅전에 모셔진 삼불상의 배치가 일반적인 방향과 다르다. 석가모니불을 북쪽에 놓고 남쪽을 바라보게 배치하고 있는데 이는 남방불교 양식이다. 대웅전 우측 출입문에서 보아야 부처님을 정면으로 볼 수 있다.

3. 참식나무 자생북한지(自生北限地)

불갑사에는 천연기념물 제112호로 지정된 참식나무 군락지가 있다. 참식나무가 자랄 수 있는 가장 북쪽 지역으로 식물분포학적인 관점에서 매우 연구가치가 높다. 참식나무 전설을 살펴보면 인도와 우리나라의 교류관계를 알려주고 있어 문화적 가치도 크다.

3. 꽃살문과 닫집

불갑사 대웅전 꽃살문은 곱게 꽃으로 피어 반기는 아름다운 문이다. 소슬꽃 무늬, 보리수 문양, 보상화문이 조각된 화려한 문을 열고 안으로 들어가면 세분의 불상이 있는 불단 위로 정교하게 조각된 닫집이 있다. 닫집 천장에는 용들과 연화봉, 구름과 극락조들이 현란하게 날아다니며 불국토를 재현하고 있다.

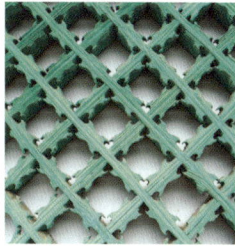

소슬꽃무늬
꽃을 도드라지게 새겨 소슬꽃무늬라 불린다.

보리수 문양
부처가 깨달음을 얻었던 곳에 있었던 보리수를 상징하는 둥그런 모양이다.

보상화문
모란꽃과 연꽃을 결합해 화려하게 만든 문양이다.

5. 불갑사 전설

우리나라 제주도에서 남해안 해안을 따라 따뜻한 숲에서 자라는 참식나무가 어떻게 영광에서 자랄 수 있었을까? 전설에 의하면 삼국시대에 경운이라는 한 젊은 스님이 부처의 본고장 인도로 유학 갈 꿈을 키우고 있었다. 마침내 경운스님의 소원이 이루어져 험난한 여정을 헤치고 인도의 절에 도착했다. 유학승으로 공부하던 중 절에 인도의 공주가 찾아왔다. 공주는 경운스님에게 반해 절을 자주 찾으면서 둘은 사랑을 하게 되었다. 이 사실을 알게 된 인도의 왕은 경운스님을 인도에서 강제로 떠나게 한다. 경운스님과의 이별을 슬퍼한 공주는 다음 생을 약속하며 두 사람이 자주 만나던 곳의 참식나무 열매를 따서 주었다. 귀국 후 스님이 그 열매를 불갑사로 가져와 정성으로 심었는데 그것이 자라서 참식나무가 되었고 그 나무의 씨앗들이 퍼져 지금의 참식나무 숲이 되었다고 전해진다. 이 때문에 참식나무가 자라기에는 추운 지역이나 경운스님의 이루지 못한 사랑을 가엽게 여긴 부처님의 배려로 이곳에서 참식나무가 자랄 수 있게 되었다고 한다.

6. 상사화

상사화는 알뿌리를 가진 백합목 수선화과의 여러해살이풀이다. 꽃줄기가 높이 50~70cm로 올라가고 그 끝에 화려한 꽃이 피어난다. 꽃을 보는 사람들은 아름다움에 감탄을 멈추지 못하는데 주로 관상용으로 키우지만 상사화는 원래 몸에 좋은 산야초로 한방에서는 줄기를 약재로 쓴다. 꽃은 주로 9월 중순에 피는데 잎은 꽃대가 올라오기 전인 6~7월경에 없어진다. 그래서 잎이 자랄 때는 꽃이 피지 않고 꽃이 필 때 잎은 없어 잎과 꽃이 같은 시간에 서로 볼 수 없다 하여 상사화(相思花)라는 이름이 지어졌다고 한다. 인도에서는 상사화를 지상의 마지막 잎이 없어진 곳에서 화려한 꽃을 피운다 하여 피안화(彼岸花)라고 부른다.

영광군민들에게 사랑 받는 휴식처
불갑저수지 수변공원

불갑사를 향하는 길목에 있는 불갑저수지 수변공원은 외지 사람들보다는 현지인들에게 사랑받는 숨겨진 명소다. 바다와 맞닿은 영광에서 바다와는 또 다른 잔잔한 호수 풍경을 감상할 수 있다. 5월의 수변공원은 마치 모네의 정원에 온 듯 초록빛으로 빛이 난다. 호수 주변으로는 참식나무와 상사초 같은 희귀식물들이 자생군락을 이룬다. 오색 연꽃이 피어나는 여름이 시작되면 어디서 왔는지 오리가족도 호숫가를 노닌다. 가을이 시작될 무렵에는 상사화축제로 향하는 사람들로 북적이고 단풍에 물든 나무들이 제 몸을 흔들어 잎을 모두 떨구면 호수는 새봄을 맞이하기 위해 깊은 수면에 들어간다.

예전부터 벚꽃으로 유명했던 불갑저수지는 영광 주민들의 어린 시절 추억이 그득한 곳으로 관내 학생들의 단골 소풍지였다. 지금은 불갑저수지 수변공원으로 조성되어 형형색색의 야간 경관 조명, 시원한 인공폭포와 잘 꾸며진 화단, 산책길과 운동코스 등이 있어 친구·가족·연인 등 남녀노소 누구나 즐길 수 있는 공간이 되었다. 숲 그늘이 드리워져 산책하는 이들이 즐겨 찾으며, 수면을 타고 불어오는 산들바람을 가르고 라이딩을 하기에도 좋다. 인근의 백수 해안도로와 함께 수변도로는 영광 지역에서 손꼽히는 드라이브 코스로 사랑받고 있다. 불갑지 또는 불갑제로도 불리는 불갑저수지가 만들어진 건 1926년. 준공된 다음 해부터 바로 저수지 물을 벼농사에 이용해 주변 농경지를 비옥하게 해 주었다. 1983년부터 2004년까지 총 3차례에 걸쳐 확장공사를 해 수혜면적 3,218ha, 유역면적 7,540ha, 저수량 1,689만 4,000t, 제방의 규모는 높이 19.8m, 길이 460m에 이르는 지금의 모습을 갖추게 되었다. 농업용수를 공급하는 저수지로 광주광역시와 전라남도 지역을 포함하여 최대 규모다. 불갑저수지가 농업용수로 큰 역할을 톡톡히 하고 있어서일까. 불갑저수지 수변공원에는 힘차게 돌아가는 대형 물레방아가 눈길을 사로잡는다. '천년방아'라는 이름이 붙어 있는 이 물레방아는 직경 16m, 무게 85톤, 물갈퀴는 108개로 전국 최대 규모. 오랜 역사와 새로운 천 년을 향해 힘차게 돌아가자는 의미를 담았다. 농업용수로 큰 역할을 톡톡히 하고 있는 불갑저수지는 2급수의 맑은 물이라 빙어가 살고 여름이 다가오면 전국 규모의 수상스키대회와 웨이크보드 대회가 열린다.

2008년부터 수상스키대회를 개최해 온 영광군은 2016년에는 아시아 수상스키·웨이크보드 대회를 개최하는 등 국제적으로도 우리나라 레저스포츠 위상을 드높인 바 있다. 대회 기간 동안 레저스포츠를 활성화하는 역할을 했으며 지켜보는 사람들에게도 생동감 있는 시원함을 주었다.

주소 전라남도 영광군 불갑면 방마로 161
문의 061-350-4613

불갑 S자 메타세쿼이아 길

불갑저수지 옆에 위치한 메타세쿼이아 길은 사진 애호가들에 의해 입소문이 나면서 새롭게 떠오르고 있는 관광지이다. 다른 지역의 메타세쿼이아 길과 다르게 유연한 에스 자(S) 길이라 더욱 사랑스럽다. 사계절 사진 찍기 좋은 풍경으로 바로 옆에 있는 불갑저수지와 어우러져 인기를 끌고 있다. 촬영 시에는 오가는 차량을 주의해야 한다는 점을 잊지 말자.

주소 전라남도 영광군 불갑면 녹산로 183(갈록삼거리)

일본 성리학의 아버지 강항이 있는 곳
수은강항
내산서원

영광군 불갑면에 위치한 내산서원에 도착하면 수은 강항선생 동상이 제일 먼저 여행자를 맞아준다. 내산서원 안으로 가는 길은 좌우로 선택해서 갈 수 있는데 왼편 홍살문을 지나는 길은 차도 다닐 만큼 길이 넓지만 잔디 사이로 난 오른편 오솔길을 권한다. 오른편 길에서 처음 만나는 한옥 건물은 강항선생에 대해 알 수 있는 유물전시관이다. 강항선생에 대해 살펴본 후 길을 따라가면 운치 있는 팔각정이 있다. 이곳까지 오는 길에 바쁜 마음이 함께 했다면 잠시 내려놓고 정자에서 쉬어가기 좋다. 참고로 내산서원 내에는 음료를 파는 곳이 없으니 더운 여름날 방문한다면 마실 물을 준비하는 것이 좋다. 이제 계단으로 올라가 오른편 외삼문으로 들어가면 학당 건물 내산서원이 나온다.

내산서원 건물 뒤에는 사당 용계사(龍溪祠)가 있다. 서원은 조선시대 중기부터 향촌에 설립된 사설 교육기관인 동시에 훌륭하신 성현을 모시며 제를 지내던 곳이다. 내산서원은 수은 강항선생을 추모하기 위해 인조 13년(1635) 용계사라는 이름을 사액 받아 건립되었고 숙종 28년(1702)에 고쳐지었다. 이 서원은 고종 5년(1868) 대원군의 서원철폐령으로 없어졌으나 1974년 복원하여 다시 지었다. 1977년 10월 20일 전라남도 기념물 제28호로 지정되었다.

강항(1567~1618)은 강희맹의 5대손으로 명종 25년(1567) 영광군 불갑면 금계리 유봉마을에서 태어났다. 22세에 초시에 합격하여 진사가 되고 27세에 별시문과 병과에 급제하여 교서관 정자가 되었다. 30세에 공조좌랑을 거쳐 형조좌랑이 되었다. 휴가로 고향에 내려가 있던 1597년 정유재란을 맞는다. 강항은 호조참판 이광정의 보좌역으로 남원으로 군량미를 수송했고 남원이 함락되자 영광에서 격문을 띄워 의병을 일으켰다. 왜의 수군이 한산도를 거쳐 서해로 밀고 올라올 때 가족들과 같이 배를 타고 이순신 장군 휘하로 들어가려고 가던 중 칠산 앞바다에서 일본 수군 도도 다카토라(藤堂高虎)의 포로로 잡힌다. 지금으로부터 421년 전 조선시대 선비 강항은 강제로 일본 교토의 후시미성(伏見城)에 3년 간 억류된다. 적국의 포로가 되어 고초를 겪으면서 구차하게 사느니 차라리 죽는 것을 생각했으나 일본에 당한 수모를 후일에 갚는다는 생각으로 살기로 결심한다. 강항은 피눈물을 삼키며 직접 보고 들은 10여만 명 조선 포로들의 참상과 일본의 풍속, 지리, 왜군 정보 등을 선조에게 전하고 이를 수록한 건거록(巾車錄)을 남겼다.

포로의 신분이었지만 일본에 체류하면서 기밀에 속하는 많은 자료를 수집하여 쓴 것이기에 군사적·지리적 가치가 매우 높다. 강항이 포로로 일본에 있는 동안 일본 승려 아카마쓰 히로미치(赤松廣通)의 스승이 되어 사서오경을 일본어로 간행하며 조선의 주자학 이론과 과거제도 등을 가르쳤다. 그는 강항의 영향으로 일본 성리학의 시조가 되었다. 강항은 일본인 제자들의 도움으로 일본에서 탈출하여 약 47일간 항해를 해서 1600년 조선으로 돌아왔다. 스스로를 죄인이라 생각하여 벼슬을 마나하고 낙향하여 후진양성에 힘쓰다가 1618년 52세의 나이로 세상을 떠났다. 저서로는 〈운제록〉, 〈강감회요〉, 〈좌씨정화〉, 〈간양록〉, 〈문선한주〉, 〈수은집〉을 남겼다.

주소 전라남도 영광군 불갑면 강항로 101
문의 061-352-7881

 민족의 한 간양록(看羊錄)과 조용필

가수 조용필 제2집에 수록된 간양록은 강항의 심경을 느껴 볼 수 있는 노래이다. 임진왜란(1592~1598)의 한이 담긴 우리의 아픈 역사를 가수 조용필이 노래로 불렀다.

이국땅 삼경이면 밤마다 찬 서리고
어버이 한숨 쉬는 새벽달 일세
마음은 바람 따라 고향으로 가는데
선영 뒷산에 잡초는 누가 뜯으리.
어야 어야~ 어야 어야 어야~
피눈물로 한 줄 한 줄 간양록을 적으니
님 그린 뜻 바다 되어 하늘에 닿을세라

-조용필이 부른 간양록의 가사

살아있는 건축 박물관
영광
매간당 고택

마당에는 꽃과 나무가 있고 하늘을 담고 있는 자연주의 건축이 한옥이다. 생각하면 그립고 바라보면 정다운 옛집을 찾아 영광 매간당(梅澗堂) 고택으로 향했다. 군남면 동간리로 접어들자 소나무 숲에 둘러싸인 드넓은 평야는 세상의 것 같지 않은 풍요로운 풍경이었다. 마을 입구에서 이정표를 따라가니 나지막한 뒷동산을 배경으로 돌과 흙으로 쌓은 담벼락 그리고 기와지붕을 올린 집이 시선을 사로잡는다. 영광의 매간당 고택은 전국 유일의 매우 특별한 대문을 갖고 있다. 고종 5년(1868) 건립된 것으로 솟을대문 위에 한 칸 규모의 효자각을 올린 2층 누각이다. 2층으로 올라가는 계단이 있으며 계단 난간은 고급스럽게 조각된 당초문으로 장식되었다.

누각은 한 칸 규모로 작다 느껴지지만 천장은 화려함이 대단하다. 누각에 오르면 마을 방향으로는 마을 전경이 한눈에 들어오고 반대로 돌아서면 집의 모든 공간이 내려다 보인다. 삼효문(三孝門)의 아랫부분은 약간 가공한 기단 위에 아름드리 소나무를 다듬지 않고 생긴 그대로 휘어진 둥근 기둥이 서있다. 집을 만들면서 자연을 닮으려고 노력한 마음을 읽을 수 있다. 대문 앞에는 하마비가 있고 대문 한쪽은 기둥 간격을 약간 작게 하여 사람의 출입문으로 사용하고 다른 쪽은 조금 크게 하여 가마가 드나들 수 있도록 했다. 문지방과 인방(引防)*도 출입 방법에 따라 지혜를 발휘해 편리한 구조로 만들었다. 16세기 중엽 연안 김 씨 직강공파(直講公派) 중조(中朝)의 4대손인 김영(金嶸,

*인방(引防)은 기둥과 기둥 사이에 건너지르는 가로재를 말한다. 기둥을 상중하에서 잡아주는 역할을 한다.

1540년 출생)이 영광군수로 부임하는 숙부를 따라와 영광에 정착했다. 삼효문이라는 현판은 14대조 김진(金璡, 1599년 출생), 9대조 김재명(金載明, 1738년 출생), 8대조 김함(金含, 1760년 출생)의 효성이 지극하여 나라에서 명정(命旌) 되었는데 이들을 위한 정문(旌門)으로 나라의 허락을 받아 지금의 삼효문이 세워졌다. 하늘을 감동시킬 정도의 효자라야 받을 수 있는 효자상을 한 집안에서 세 사람이나 받았으니 집안의 큰 자랑이 아닐 수 없다. 이를 모시기 위해 만들어진 효자각은 원래 마을 입구에 세우려 했으나 문중회의를 거쳐 대문 위에 누각을 짓게 되었다. 효자각 네 귀퉁이에 여의주를 문 용이 승천하는 용두와 구름모양의 공포가 결구되어 외관이 화려하다.

TIP 이 집의 별당은 향교에서나 볼 수 있는 구조로 공부를 하는 서당으로 사용했다.

궁궐이 아니면 감히 용두를 올릴 수 없었던 시절이니 전국 유일의 특별한 문이 되었다. 효자각 내부에는 세 분의 정려 편액이 걸려있고 막새기와에는 삼효(三孝)라는 명문이 새겨져 있다. 2층 누각 정면에는 고종의 형인 이재면(李載冕)이 쓴 삼효문(三孝門) 현판이 걸려있다. 목재가 썩는 것을 방지하기 위해 유리 새시로 효자각 외관을 둘러막아 놓았다. 멀리서 이 집의 놓여있는 지리적 형세를 크게 살펴보면 크게는 불갑천의 물과 마을 고샅물이 안들에서 만나 서쪽으로 물의 방향을 바꾸고 있음을 알 수 있다. 조금 다가가 보면 마을 뒷산의 정기가 모여 들어 약간 부풀어 오른 언덕 위에 집이 자리하고 있다. 가옥의 방향은 뜻밖에도 남향이 아닌 북향으로 방향보다는 시선을 강조하고 있다. 자료에 따르면 집터는 길지(吉地)로 매화꽃이 떨어진 형국 또는 학(鶴)의 형상이라고도 한다. 집의 구성을 보면 안채를 비롯하여 사랑채, 별당(서당채), 사당채, 곳간채, 안대문, 바깥대문, 마구간, 헛간, 찬광, 장독대, 연못, 정원 등이 있다. 조선시대 후기 상류사회 주택의 원형을 그대로 유지하며 잘 보존되고 있다. 영광에 정착했던 처음부터 2,000평이 넘는 넓은 대지 위에 125칸의 건물이라는 대단한 규모의 집을 지은 것은 아니었다. 예전에는 이 자리에 초가 한 채만 있을 정도로 농사를 짓는 가난한 집안이었다. 대를 이어 살아오면서 선조들이 근검절약해 가세를 일으켜 오늘날의 종택 모습이 되었다. 이 집은 언제 지었는지 확실하지는 않지만 안채 상량문에 '숭정기원후사무진이월이십구일(崇禎紀元后四戊辰二月二十九日)'이라는 기록이 남아 있어 고종 5년(1868)임을 추측해 볼 수 있다. 1894년 동학농민운동 당시 안채를 제외한 모든 건물이 불에 타 다시 지었다.

: 익수재　　　　　　　　: 매간당　　　　　　　　: 구간재

전체적으로 경사진 지형을 남북 축으로 나누어 동쪽으로 사랑공간을 서쪽으로는 안 공간을 배치하고 있다. 바깥대문채인 삼효문을 지나 들어서면 만나는 사랑공간은 은행나무가 심어진 작은 화단을 중심으로 사랑채, 별당(서당채), 중문간채, 삼효문, 마부간, 연못 등으로 구성되어 있다. 사랑채 전면에는 3개의 편액 왼쪽부터 익수재(益壽齋), 매간당(梅磵堂), 구간재(龜澗齋) 순서로 걸려있다. 익수, 매간, 구간은 모두 이 집에 살았던 선조의 호이다. 바깥주인의 호로 사랑채 이름을 불렀음을 알 수 있다. 의미를 간단하게 풀어보면 익수재는 나이가 들어갈수록 건강하게 오래 산다는 뜻이고 매간당은 산골짜기에서 피어나는 매화라는 뜻으로 남이 알아주건 말건 소박하게 지조를 지키며 산다는 의미이다. 구간재란 거북이는 산골짝에 흐르는 작은 도랑물도 조심한다는 뜻으로 매사에 작은 일에 조심하라는 의미가 담겨 있다. 우리의 선조들이 자신의 호로 집의 이름을 부르게 한 것은 자신과 집을 동일시했던 마음을 엿볼 수 있다. 이 고택은 원래 '연안김씨 종택'이라 불렀으나 1868년 매간 김사형(1830~1909)이 건립한 집으로 그 당시 사랑채 이름이 매간당이었기 때문에 '영광 매간당 고택'으로 지정명칭을 변경하였다.

주소 전라남도 영광군 군남면 동간길2길 83-1

 **작가노트**

고택의 건물에 걸려있는 현판들과 기둥 곳곳에 적혀있는 주련(柱聯)*을 읽어보면 그곳에 살았던 주인들의 인품과 사상 즉, 집의 역사만큼 스토리가 가득 담겨있다고 한다. 조선시대에 지어진 가옥들이다 보니 모두 한자로 되어 고택을 설명하는 안내판이나 자료를 찾아 읽어보면 전문용어들로 이해하기 어렵다. 한옥(韓屋)은 우리나라를 대표하는 자랑스러운 건축물이다. 다른 나라의 주택과 비교하면 놀랍도록 과학적이고 심오하지만 우리의 일상 삶과는 너무 멀어져 버렸다. 1970년대까지 우리나라의 주된 건축은 한옥이었다. 새마을운동이 시작되면서 시멘트로 집과 아파트가 지어지면서 지금은 한옥이 문화재로만 아슬아슬하게 남이있다. 계절에 따라 집과 사람 사는 모습이 함께 변하고 자연과 서로 반응하며 소통하는 집이 한옥이다. 삶의 질을 생각한다면 아파트 공화국에서 벗어나 한옥으로 주거공간을 옮겨가는 것이 맞다. 우리 마음이 우리의 문화를 버리지 않길 바란다. 그런 의미에서 한옥을 일상 안으로 다시 살려내는 날이 온다면 원형이 되어 줄 영광의 고택들은 소중한 보물이다.

*주련(柱聯)이란 기둥마다 시구를 연결하듯 걸었다는 뜻에서 주련이라고 부른다. 좋은 글귀나 남에게 자랑할 내용을 붓글씨로 써서 붙이거나 그 내용을 얇은 판자에 새겨 걸었다.

보물 같이 숨겨진 절
연흥사

군남면 용암리 용암저수지가 있는 서당마을에서 작은 도로를 따라가면 산 중턱에 보물 같이 숨겨진 절이 하나 나온다. 군유산과 일명산 가운데 묻혀 있는 작고 고적한 절, 연흥사다. 연흥사에 서서 풍경을 살펴보면 앞이며 옆이 모두 산으로 둘러 막혀 있는 듯 하지만 이곳은 연화부수(蓮花浮水)형 터로 답답함보다는 아늑한 기분을 느끼게 한다.
절에 들어서면 종각과 보제루가 가장 먼저 보인다. 대웅전 앞에는 오래된 배롱나무와 동백나무가 한 그루씩 버티고 섰다. 두 나무 모두 수령 500년이 넘은 고목들이다. 두 그루 모두 약속이나 한 듯 한쪽으로 기울어져 있는 게 신기하다. 들리는 말로는 바닷가와 가깝고 석산(돌산)이라 일명산에 번개가 많이 쳐서 번개에 맞아 한 쪽만 서있다 몇 년 전에는 그게 또 잘려나가고 오른쪽만 남았다고 한다.
고즈넉한 연흥사에 머물면 바깥 세상에서 묻어온 화려함은 내려놓고 차분한 분위기가 되어 작은 것들에 집중하는 힘이 생긴다. 대웅전 계단 옆에 있는 소박한 크기의 연못이 잠시 쉼표 역할을 한다. 가만히 들여다보고 있으면 연못에 조용히 피어있는 연꽃향이 연흥사의 소담한 매력을 한 층 더해준다.

절 마당에 서 있는 배롱나무는 여름내 붉음을 한바탕 자랑하고 나면 나무 아래 조용히 꽃들이 떨어져 붉은 양탄자가 깔린 듯하다. 절의 규모는 작지만 눈여겨 볼만한 것이 몇 가지 있다. 대웅전에 들어서면 국내에서 유일하게 볼 수 있는 자수로 놓인 탱화를 살펴보자. 이어 살펴볼 것은 목조삼세여래좌상이다. 17세기 중반에 조성된 석가여래, 약사여래, 아미타여래 등 3구의 불상으로 조각 수법이 매우 뛰어나다. 문화재청에서 보물로 지정을 하려고 했으나 한 스님이 부처님 옷이 너무 더럽다고 금물을 새로 입히는 바람에 안타깝게도 지정이 되지 못했다고 한다.

목조삼세여래좌상은 현재 도시성분화재이며 이 외에도 성보문화재로 전라남도 유형 문화재 제175호 묘법연화경 6종 14책, 석탑 1기, 부도 1기, 탱화 5점, 다라니경 목판 1점, 시방삼보자존패 1점 등이 있으니 작지만 알차게 둘러보아야 한다. 사찰에서 500m 떨어진 곳에 있는 마애불 2상도 놓치지 말자.

주소 전라남도 영광군 군남면 육창로 2
문의 061-352-4474

영광 찰보리 문화축제가 열리는
지내들
옹기돌탑공원

쌀이 귀했던 시절이 있었다. 형편이 어려워 꽁보리밥을 매일 먹었던 어르신들은 지금도 보리밥을 보면 그때가 떠오른다고 하신다. 그러나 세월이 많이 변했다. 지금은 고급식당에서 웰빙음식으로 보리밥이 나온다. 식생활도 변하면서 비만, 당뇨병, 고지혈증 등 성인병이 늘고 있고 이런 질병에 대한 예방으로 보리를 먹도록 권장하고 있다. 찰보리는 쌀의 25배, 현미의 40배인 식이섬유를 함유하고 있어 소화가 잘되고 대장 기능을 향상시켜 주며 비타민과 무기질을 많이 함유하고 있기 때문이다. 또한 베타글루칸 성분이 많아 지방축적을 억제하여 다이어트 식품으로도 널리 알려져 있고 콜레스테롤의 수치를 낮추어 주어 심장질환과 당뇨 예방에도 도움을 준다.

영광군에서는 사양산업으로 분류된 보리를 새로운 소득 작물로 육성하기 위해 2010년 보리산업특구로 지정받았다. 이후 군남면 지역을 보리산업의 메카로 발전시키고 있다. '영광 찰보리 문화축제'는 영광에서 재배한 몸에 좋은 찰보리를 널리 홍보하기 위해 개최하고 있다. 축제는 해마다 보리가 한창 익어가는 5월 초에 지내들 옹기돌탑공원에서 열린다. 축제가 열리는 지내들 옹기돌탑공원에는 2,700여 개의 옹기와 8기의 대형 돌탑이 설치되어 있다.

설치된 옹기의 숫자 2,700개는 2010년 말 군남면 인구와 같은 숫자로 모든 면민이 하나 되어 축제에 참여한다는 의미를 담고 있다. 또한 농가의 주 소득원이 될 보리를 옹기에 가득 채워 잘 사는 지역으로 만들자는 의미도 함께 포함하고 있다. 멀리서 보면 돌탑과 옹기가 놓인 모습이 마치 호롱불 형상을 하고 있다. 그 이유는 군남면 사람들이 영원토록 불을 밝히면서 변치 않는 추억의 고향으로 가꾸겠다는 의지의 표현이라고 한다. 돌탑 안에는 후손에게 전하는 메시지를 작성해 타임캡슐로 만들어 보관하고 있다. 과연 어떤 내용이 담겨져 있을까 궁금해진다.

2018년 열린 영광 찰보리 문화축제는 '가보리, 해보리, 먹어보리'를 주제로 5월 5일부터 5월 6일까지 이틀간 진행되었다. 써레질, 모내기, 보리타작 시연회, 보리음식차림 시연회 등 다양한 보리 관련 체험행사를 준비해 참가자들의 흥미를 끌었다. 보리타작 시연회는 보리를 수확한 후 타작이 진행되는 과정을 직접 볼 수 있으며 보리음식차림 시연회 등을 통해 보리음식을 맛보는 등 유익한 프로그램으로 좋은 평가를 받았다.

주소 전라남도 영광군 군남면 천년로 910-7
문의 1899-0950(관광안내)

500여 년간 20대손이 살고있는
영광
이규헌 가옥

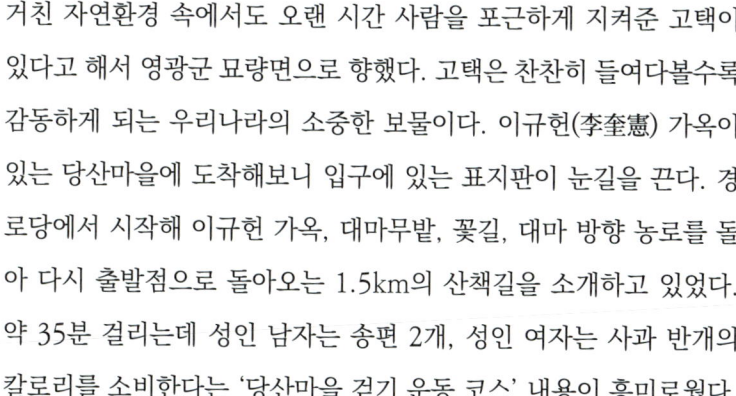

거친 자연환경 속에서도 오랜 시간 사람을 포근하게 지켜준 고택이 있다고 해서 영광군 묘량면으로 향했다. 고택은 찬찬히 들여다볼수록 감동하게 되는 우리나라의 소중한 보물이다. 이규헌(李奎憲) 가옥이 있는 당산마을에 도착해보니 입구에 있는 표지판이 눈길을 끈다. 경로당에서 시작해 이규헌 가옥, 대마무밭, 꽃길, 대마 방향 농로를 돌아 다시 출발점으로 돌아오는 1.5km의 산책길을 소개하고 있었다. 약 35분 걸리는데 성인 남자는 송편 2개, 성인 여자는 사과 반개의 칼로리를 소비한다는 '당산마을 걷기 운동 코스' 내용이 흥미로웠다.

마을 초입 대로에 위치한 이규헌 가옥은 전주 이 씨 양도공파(襄度公派)의 종가이다. 이효상*이 이곳에 정착한 이후 500여 년간 20대손이 현재까지 살고 있다. 가옥은 남쪽으로 완만하게 경사진 대지 위에 남향으로 건물을 배치하였으며 3칸의 솟을대문인 정문과 안채, 사랑채, 사당, 호제집(노비들의 집)이 있어 조선시대 민가의 형식을 갖추고 있다. 집 안으로 들어서는 첫 관문인 솟을대문은 숙종 때 이상호(李相虎)의 지극한 효성을 기려 세운 정려문**이다. 3칸 솟을대문에 걸려있는 현판이 집안의 기품을 말해준다. 솟을대문을 통과해 안으로 들어서자 동쪽에 자리한 사랑채가 당당하게 손님을 맞이한다.

정남향으로 배치되어 있는 솟을대문을 지나 중문을 통해 들어서면 동쪽에서 약간 어긋나게 배치된 안채 건물이 나온다. 안채가 중문에서는 보이지 않게 자리 잡은 데는 이유가 있다. 조선시대 상류주택은 안과 밖의 공간이 구분되어 있기 때문이다. 내외사상(內外思想)이 반영되어 안공간인 안채는 여성들이 주로 사용하는 공간이어서 밖에서 안공간이 바로 보이지 않도록 배려한 것이다. 안채 동쪽으로는 초가로 된 부속채로 호제집이 있고, 뒤편에는 대나무 숲으로 이루어진 경사지형에 축대를 쌓아 장독대를 두었다. 좀 더 자세히 살펴보자. 상선당(相善堂)이라는 현판을 걸고 있는 사랑채는 한옥의 구조에서 밖의 공간이다. 여기서는 집안의 남자들이 글공부를 하거나 풍류를 즐겼다.

*이효상(李孝常)은 조선 태조의 조카이자 개국공신인 양도공 이천우(李天祐 1354~1417)의 증손이다. 양도공 이천우의 영정을 봉안한 묘장서원이 이웃 운당리 영당마을에 있다.
**정려문(旌閭門)은 미풍양속을 장려하기 위하여 효자, 충신, 열녀 등이 살던 동네에 붉은 칠을 한 정문을 세워 표창했던 문이다.

TIP 중문을 향해 들어서면 동쪽에서 약간 어긋나게 배치된 안채 건물이 나온다.

이규헌 가옥의 사랑채의 건립연대는 상량문에 '을미년(乙未年)'이라는 기록이 있어 고종 32년(1895)임을 알 수 있다. 정면 4칸, 측면 1칸 규모에 전후좌우에 퇴가 있는 형태이다. 평면은 윗대청 1칸, 아랫대청 1칸, 방 2칸의 순서로 배치되어 있다. 2칸의 방을 터서 하나로 사용했으며 대청과 방의 출입문에는 각각 띠살문을 설치하였다. 외벌대의 낮은 다듬돌을 쌓은 기단 위에 원형 주춧돌을 두었다. 그 위에 둥근 기둥을 세운 다음 멋스러운 주련을 써 붙였다. 안채는 2고주 5량의 구조를 갖고 있다. 정면 6칸, 측면 2칸 규모의 집으로 정확한 선립 연대는 알 수 없다. 머릿방 1칸과 골방이 있는 큰 대청 2칸, 큰방 1칸, 부엌과 정지대청 1칸, 건넌방 1칸으로 구성되었다. 창호는 전체적으로 2짝 띠살 여닫이창을 사용했다. 전면 중앙부와 좌퇴에는 우물마루를 깔았으며 두벌대의 장대석 기단 위에 잘 다듬은 네모반듯한 모양의 주춧돌을 놓고 네모기둥을 세웠다.

서까래만으로 처마를 형성한 홑처마 형식이며 지붕 위까지 박공이 달려 용마루 부분이 삼각형 벽을 이루고 있는 한옥에서 가장 많이 쓰이는 팔작지붕이다. 사당은 조상의 혼백을 모시는 곳으로 이곳에는 태조의 조카이며 조선의 개국공신이었던 양도공 이천우의 영정이 모셔져 있는데 조선 태종이 하사했다. 태종 16년(1416)에 나이가 많아 벼슬을 사양하고 물러날 때 태종이 많은 전답과 노비를 하사 하려고 했으나 이를 사양하므로 영정을 내렸다고 전한다. 그러나 시간이 지나면서 영정이 손상되어 영조 50년(1774) 조정에서 박사해(朴師海)와 한종유(韓宗裕)를 파견하여 옮겨 그렸다. 공신 초상에 속하는 영정으로 가로 103cm, 세로 160cm이며 사모(紗帽)와 금대(金帶)로 정장하고 두 손을 소매에 넣고 의자에 앉아있는 모습이다. 이 유물은 1987년 전라남도 문화재자료 제146호로 지정되어 보존하고 있다.

사당 건축은 정면 3칸, 측면 1칸, 맞배지붕이다. 외벌대의 장대석 기단에 막돌 초석을 놓고 원형기둥을 세웠으며 전퇴에는 우물마루를 깔았고 측면에는 풍판을 설치하였다. 사찰의 건물처럼 단청이 되어있어 멋스러움을 지녔다. 앞 정원에는 연못을 만들어 부레옥잠을 심었는데 지금은 연못을 메워 밭으로 사용하고 있어 아쉽다. 이 외에 안채의 우측에 정면으로 초가로 된 호제집(노비들의 집)이 있어 양반과 노비들의 주거형태가 비교되는 자료가 되고 있다. 이규헌 가옥은 배치와 구성이 조선시대 민가 형식의 전형을 잘 갖추고 있어 1987년 6월 1일 전라남도 민속자료 문화재 제22호로 지정되었다.

주소 전라남도 영광군 묘량면 묘량로4길 36

조선시대 개국공신을 모신
영광 묘장영당

영광군 묘량면 운당리 영당마을에는 묘장영당(畝長影堂) 또는 묘장서원이라고는 하는 사당이 있다. 전주 이 씨 양도공 이천우(李天祐, 1354~1417)의 영정을 봉안한 사당으로 1616년에 건립되었다. 이천우는 조선 태조 이성계의 형인 이원계의 둘째 아들로 여말선초의 격동기에 이성계의 휘하에 들어가 황산대첩 등에서 왜구를 토벌해 공을 세웠다. 이후 왕자의 난에서도 공을 세우면서 조선 개국에 많은 공헌을 하여 정사공신과 좌명공신에 책록된 인물이다. 태종은 1416년 이천우가 퇴직할 때 그 공적을 치하하여 화공으로 하여금 이천우의 화상(畫像)과 이응도(二鷹圖)를 그리게 했는데 그것이 묘장영당을 건립하게 된 계기가 된다.

후손들이 대대로 영정을 보관하다가 이천우의 증손 이효상(李孝常)이 담양에서 영광 묘량면 당산마을로 이주하면서 부조묘(不祧廟)를 건립하고 영정과 함께 유품을 보존하였다. 영광으로 이주해 온 후손들이 충절과 학식을 쌓아가면서 명문가로 성장하던 시기인 광해군 8년(1616) 지역 유림들과 뜻을 모아 지금의 자리에 영당을 세웠다. 그 뒤 화재로 중건을 거쳤고 고종 5년(1868) 대원군의 서원철폐령에 의해 사당은 철거되었다. 이때 강당은 그대로 남아 지역에서 서당 기능을 했으며 일제강점기에는 강당에 사립 영신학교를 설립하여 근대교육의 장으로 활용했다. 그 후 후학과 향내 유림들이 복원을 추진하면서 1934년 사당을 다시 건립하였다. 현재 묘장영당은 사당(사우), 강당, 외삼문(문간채), 내삼문, 고직사로 구성되어 있다. 건물은 서남향인데 경사지를 이용하여 강당, 내삼문, 사당을 일직선으로 배치하였다. 강당은 앞뒤에 툇마루를 둔 정면 4칸, 측면 1칸의 팔작지붕의 집이고 사당은 정면 3칸, 측면 1칸 반의 맞배지붕으로 영당사(影堂祠)라는 현판이 걸려 있다. 비교적 늦은 시기에 중건되었지만 서원철폐령 이전의 문헌자료가 잘 남아있어 사당의 건립과 운영 과정을 알 수 있는 등 제도사 측면에서 의미가 크다. 또한 이천우 영정, 이응도, 공신회맹축 목판도 문화재로 지정되어 가치를 더하고 있다. 2004년 2월 13일 전라남도 문화재자료 제249호로 지정된 묘장영당은 중건 이후의 보존관리 및 상태도 양호하며 관련 자료도 잘 보존되어 오고 있다.

주소 전라남도 영광군 묘량면 동삼로1길 21
문의 1899-0950(관광안내)

ZOOM IN 묘량면

묘량면은 영광군의 동쪽에 위치하며 군의 관문 역할을 한다. 장암산을 줄기로 양분지를 형성한 중산간지이며 1차 산업인 농업과 축산업이 발달해 있다. 영양리는 묘량면의 중앙에 위치하여 대부분의 지역은 낮은 산지와 평지로 되어 있으며 논과 들이 분포되어 있다. 자연마을로는 영촌, 장동, 당산 등이 있다. 영촌마을은 이곳의 재를 넘어 영광읍을 오고 갔기 때문에 잿마을이란 이름으로 불리다가 영촌이라 개칭되었다. 장동마을은 마을터에 가문절(감춘다는 뜻)이라는 절이 있는데 그 절의 이름을 따서 이름을 가문절(藏寺)이라 부르다가 행정구역을 개편하면서 기재착오로 장동이라 하였다고 전한다. 당산마을은 태조의 조카 양도공 이천우(李天祐)의 증손 이효상(李孝常)이 이곳에 살게 되면서부터 당산, 영당을 비롯한 인근마을이 전주 이 씨의 집성촌이 되었다. 이효상이 고향인 서울 당산동을 그리워하는 뜻으로 이름을 '당산'이라 했다는 설과 마을에 아주 큰 당산나무가 있어 '당산'이라 했다는 설이 있다.

누구나 다 아는 유명 관광지를 다니는 평범한 여행이 싫증났다면 나만의 테마를 정해 특별한 여행을 해보자. 영광이라는 지명은 '깨달음의 빛'이라는 뜻으로 우리나라 4대 종교 유적지가 있다. 원불교 영산성지, 영광순교자기념성당, 염산교회, 야월교회 그리고 마라난타 존자의 발자취를 따라 백제불교최초도래지, 연흥사, 불갑사를 가 보자. 복잡했던 마음을 차분하게 해주는 여행이 된다. 시원한 바다로 떠나고 싶다면 칠산타워가 있는 향화도항에서 배를 타고 인간의 손이 덜 닿은 청정 섬 낙월도와 송이도로 떠나보자. 계마항에서는 모험심을 자극하는 안마도가 기다리고 있다. 영광의 삼형제 섬여행은 치명적인 매력을 품고 있다. 그밖에 축제, 건축여행, 등산, 미식여행 등 영광을 다양한 테마로 특별하게 즐겨보자.

PART2.

테마로 만나는 영광

영광의 4대종교
영광의 섬 여행
영광의 축제
영광의 볼거리
영광의 맛
영광의 살거리
영광의 산
조선시대 건축여행

테마로 만나는 영광
영광의 4대종교

불갑사

불갑사는 법성포를 통하여 백제에 불교를 전래한 인도승 마라난타 존자가 최초로 세운 절로 알려져 있다.

주소 전라남도 영광군 불갑면 불갑사로 450
문의 061-352-8097

백제불교최초도래지

백제 침류왕 원년(서기 384년) 법성포를 통하여 백제불교를 전한 인도승 마라난타 존자와 그 역사적 의미를 기념하기 위하여 조성한 곳이다.

주소 전라남도 영광군 법성면 백제문화로 203
문의 061-350-5999

연흥사

연흥사는 각진국사(覺眞國師)가 처음 지었으며 조선시대 불상으로서는 조각수법이 뛰어난 목조삼세여래좌상이 모셔져 있다.

주소 전라남도 영광군 군남면 육창로 2
문의 061-352-4474

원불교 영산성지

영광은 근대종교의 하나인 원불교의 발상지이다. 영산성지를 돌아보며 원불교의 가르침을 배울 수 있다.

주소 전라남도 영광군 백수읍 성지로 1345
문의 061-352-6344

천주교순교지 영광순교자기념성당

영광은 일찍이 천주교가 전해진 곳이다. 전라남도 최초의 순교지로 알려진 곳 가까이에 기념관을 짓고 순교자를 기리고 있다.

주소 전라남도 영광군 영광읍 중앙로2길 40
문의 061-351-2276

기독교순교지 염산교회, 야월교회

영광군에서는 설도항에 기독교순교체험관을, 야월리에 기독교순교기념관을 건립하여 순교자들의 뜻을 기리고 있다.

염산교회
주소 전라남도 영광군 향화로 5길 34-30
문의 061-352-9005

야월교회
주소 전라남도 영광군 염산면 칠산로7길 30-6
문의 061-352-9147

테마로 만나는 영광
영광의 섬 여행

지는 달이 아름다운 낙월도

낙월도(落月島)의 순 우리말은 '달이 지는 섬'이라는 뜻을 가진 '진달이 섬'이다. 낙월도는 상낙월도와 하낙월도 두 개의 섬이었는데 두 섬을 이어주는 연도교인 진월교가 생기면서 하나의 섬이 되었다. 낙월도는 향화도항에서 출발하는 배가 하루에 3번 운항되고 있어 교통이 편리하다.

모험심을 자극하는 섬 안마도

영광군의 섬 중에서 가장 큰 안마도는 석만도, 소석만도, 죽도, 횡도, 오도와 함께 안마군도(鞍馬群島)를 이루고 있다. 우리나라의 서해 영해기점의 하나로 안보와 영토적인 측면, 수산자원 등 국가전략상 매우 중요한 섬이지만 잘 알려져 있지 않아 모험심을 자극하는 섬이다.

칠산 어장의 중심에 위치한 송이도

송이도(松耳島)는 하얀색 몽돌해변, 하루 두 차례 바닷길이 열리는 맛등, 걷기 좋은 왕소사나무 군락지가 유명하다. 송이도는 향화도항에서 매일 2회 운항하는 배를 타고 갈 수 있으며 탑승 소요시간은 1시간 30분이다.

계마항

석만도

안마도

계마항~석만도 경유~안마도
: 43.3km(2시간 20분 소요)

칠산도

송이도

22.8km
(1시간 30분 소요)

낙월도

20.5km
(1시간 소요)

향화도
선착장

섬여행 필수정보!
1. 배를 탈 때, 반드시 필요한 신분증 ☐
2. 섬 들어가기 전, 날씨 확인 ☐
3. 여유 있는 일정, 상비약, 현금 지참 ☐
4. 산나물 불법채취금지, 취사금지 ☐
5. 우리 모두의 소중한 섬을 사랑해주세요.

229

테마로 만나는 영광
영광의 축제

법성포단오제

법성포단오제는 영광 군민들이 500년을 이어온 역사 깊은 민속 축제이다. 단오날에 담긴 조상의 얼을 되새기며 난장트기, 용왕제, 선유놀이, 숲쟁이 국악공연을 진행하여 여느 축제와는 다른 특별한 경험을 할 수 있다. 그네뛰기, 투호, 단오장사 씨름 대회 등 민속놀이는 물론 창포 머리 감기, 창포 비누 만들기, 단오 부채 만들기 등 체험 관광 프로그램이 다채로운 축제이다.

축제시기 매년 단오날 전후
주소 전라남도 영광군 법성면 숲쟁이 공원 일원

찰보리 문화 축제

국내 최대의 보리 산지인 영광의 찰보리 문화 축제에서는 우수한 영광의 보리를 원료로 한 특산물을 한눈에 볼 수 있음은 물론, 축제 중 열리는 보리 교실에서 농촌의 생활 문화를 배워볼 수도 있다. 보리피리, 보리타작, 디딜방아 등의 체험행사가 재미를 더하며, 보리밥, 청보리 한우, 보리뻥튀기, 보리빵 등의 먹거리는 축제를 더욱 풍성하게 한다.

축제시기 매년 5월 초
주소 전라남도 영광군 군남면 지내들 옹기돌탑공원

3 갯벌 천일염 축제

갯벌 천일염 축제는 세계 5대 갯벌의 하나인 서해안 칠산 앞바다에 분포한 갯벌의 우수성을 알리기 위하여 개최되는 축제이다. 영광 갯벌 축제의 가장 큰 특징은 직접 갯벌을 느낄 수 있다는 것으로 미네랄이 풍부한 갯벌의 진흙을 온몸에 바르고 갯벌 줄다리기, 갯벌 기마전, 갯벌 닭싸움, 뻘배 타기, 갯벌 장어 잡기, 갯벌 보물찾기 등의 체험을 하다 보면 어느새 갯벌과 하나가 되어 있는 자신을 발견하게 될 것이다.

축제시기 매년 7월 하순
주소 전라남도 영광군 염산 백바위 해변 일원

4 불갑산 상사화축제

매년 9월이면 붉은 상사화가 영광의 불갑산을 뒤덮는다. 상사화의 아름다운 풍경과 축제의 별미인 민속놀이 3종 릴레이, 사랑의 미션 수행, 상사화 탁본, 한지 도자기 체험 등의 체험 프로그램이 분위기를 달군다. 그 밖에도 영광 스탬프 랠리, 상사화 시화전이 개최되어 축제에 다채로운 즐거움을 더한다.

축제시기 매년 9월 하순
주소 전라남도 영광군 불갑사 관광지 일원

5 백수해안도로 노을 축제

대한민국 아름다운 길 100선 중 9위에 선정되고 자연경관 대상에서 최우수상을 수상한 백수해안도로 노을길에서 열리는 행사이다. 아름다운 풍경 뒤로 황홀하게 펼쳐지는 노을빛에 녹아들어 걷다 보면, 자연이 연주하는 음악의 선율을 느낄 수 있다. 각종 공연과 체험 행사 또한 매년 많은 관광객들의 발걸음을 이끈다.

축제시기 매년 10월 초
주소 전라남도 영광군 백수읍 해안로 957

테마로 만나는 영광
영광의 볼거리 BEST9

 백수해안도로

영광군 백수읍 길용리에서 백암리 석구미 마을까지 16.8km에 달하는 해안도로로, 기암괴석 · 광활한 갯벌 · 불타는 석양이 만나 황홀한 풍경을 연출하는 서해안의 대표적인 드라이브 코스이다. 특히 해안도로 아래 목재 데크 산책로로 조성된 2.3km의 해안 노을길은 바다 가장 가까운 곳에서 걷기와 함께 아름다운 풍경을 감상할 수 있으며, 2006년 국토해양부의 한국의 아름다운 길 100선, 2011년 국토해양부의 제1회 대한민국 자연경관대상 최우수상을 수상하는 등 각종 평가에서도 우수한 성적을 거두었다. 국내 유일의 노을전시관을 비롯하여 다양한 펜션과 음식점 등이 갖추어져 있다.

주소 전라남도 영광군 백수읍 해안로 957
문의 061-350-5600(노을전시관)

4대 종교 문화유적지

영광은 우리나라 4대 종교 문화 유적지가 모두 있는 보기 드문 곳이다. 백제불교가 법성항을 통해 최초로 들어온 것을 기념하기 위해 조성된 백제불교최초도래지, 생활에서의 도덕훈련을 강조하는 원불교의 창시자 소태산 박중빈 대종사의 탄생지를 중심으로 한 원불교 영산성지, 6·25 전쟁 당시 북한군의 교회 탄압에 항거하여 신앙을 지키려다 194명이 순교한 기독교인 순교지, 조선시대 신유박해로 인해 많은 천주교 신도들이 순교한 천주교인 순교지가 있다.

백제불교최초도래지
주소 전라남도 영광군 법성면 백제문화로 203
문의 061-350-5999

원불교 영산성지
주소 전라남도 영광군 백수읍 성지로 1345
문의 061-352-6344

기독교인 순교지 염산교회 주소 전라남도 영광군 향화로 5길 34-30 문의 061-352-9005
야월교회 주소 전남 영광군 염산면 칠산로7길 30-6 문의 061-352-9147

천주교인 순교지 영광순교자기념성당
주소 전라남도 영광군 영광읍 중앙로2길 40
문의 061-351-2276

테마로 만나는 영광
영광의 볼거리 BEST9

 3 불갑사

불갑사는 법성포를 통하여 백제에 불교를 전래한 인도 승 마라난타 존자가 최초로 세운 절로 알려져 있다. 오랜 역사만큼 많은 전설과 이야기를 간직하고 있으며, 보물 제830호 대웅전, 보물 제1377호 목조석가여래 삼불좌상, 보물 제1470호 불복장전적 등을 비롯하여 팔상전, 칠성각, 만세루, 범종루, 천왕문 등 귀중한 문화재들을 품고 있다. 템플스테이가 가능하여 외국인들을 포함한 체험객들이 많이 찾고 있으며, 절 주변에는 천연기념물 제112호 참식나무 자생북한지가 있다.

주소 전라남도 영광군 불갑면 불갑사로 450
문의 061-352-8097

 4 칠산타워

전라남도에서 가장 높은 111m의 전망대이다. 1층에는 여객대합실과 매점, 특산품 판매점이, 2층에는 음식점과 회센터가 입점해 있으며 3층에 하이라이트인 전망대가 있다. 전망대에 오르면 광활하게 펼쳐진 칠산 앞바다와 주변 육지가 한눈에 들어와 절로 탄성을 지르게 한다. 일몰시간에는 칠산 앞바다를 빨갛게 물들이는 아름다운 노을 풍경을 감상할 수 있다. 눈앞에 보이는 칠산대교는 영광군 염산면 봉남리에서 전남 무안군 해제면 송석리를 잇는 영광~해제 구간으로 2019년 12월 18일 차량 통행을 시작했다.

주소 전라남도 영광군 염산면 향화로 2-10
문의 061-350-4965

5 가마미해수욕장

200여 그루의 소나무가 해변을 감싸 안고 있으며, 폭 200m가 넘는 1km의 고운 백사장이 반달 모양으로 휘어져 있어 아늑하고 편안한 느낌을 주는 전남 서해안의 대표적인 해수욕장이다. 수심은 1~2m로 물이 깨끗하고 수온이 높아 해수욕하기에 적합하며, 모래입자가 고와 모래찜질에도 안성맞춤이다. 안마도 정기여객선이 운항하는 계마항이 바로 옆에 위치하여 있고, 칠산바다에 올망졸망 떠 있는 섬들을 배경으로 환상적인 낙조를 감상할 수 있다.

주소 전라남도 영광군 홍농읍 가마미로 357-23
문의 061-356-1020

테마로 만나는 영광
영광의 볼거리 BEST 9

 불갑저수지 수변공원

광주·전남에서 최대 규모를 자랑하는 불갑저수지 주변을 관광지로 조성한 수변공원에는 철 따라 잘 가꾸어진 화단과 시원한 물줄기가 일품인 인공폭포 등이 눈길을 사로잡는다. 연인들에겐 드라이브 코스로, 가족들에겐 편안한 휴식공간으로 자리 잡고 있으며, 수상스키장이 마련되어 있어 색다른 볼거리를 제공하기도 한다. 또한 저수지 상류에서 불갑사 가는 길 입구에 조성된 불갑 농촌테마공원은 국내 최대 규모의 천년방아(16m)와 형형색색의 야간 경관 조명이 설치되어 새로운 관광지로 인기를 누리고 있다.

주소 전라남도 영광군 불갑면 방아로 151
문의 061-350-4613

 숲쟁이공원

조선 중종 때 축조된 법성진성의 연장으로 심은 느티나무 등이 100여 년 이상 성장하여 이루어진 숲을 숲쟁이('숲으로 된 성'을 의미)라 한다. 매년 법성포단오제가 열리는 주무대로 국가지정 명승 22호로 지정되어 있으며, 2006년 한국의 아름다운 숲으로 선정된 바 있다. 숲쟁이공원에서 백제불교최초도래지를 연결하는 곳에 자리 잡은 숲쟁이꽃동산은 꽃과 나무사이로 만들어진 산책로를 걸으면서 법성포의 아름다운 풍경을 감상할 수 있다.

주소 전라남도 영광군 법성면 백제문화로 203
문의 061-350-4613

송이도

행정구역상으로는 낙월면에 속하며, 섬에 소나무가 많고 섬의 모양이 사람의 귀를 닮아 송이도라 불린다. 마을 앞에 위치한 조약돌(몽돌)해수욕장은 오랜 세월동안 파도가 만들어낸 부드럽고 동글동글한 모양의 조약돌이 약 1km 정도 이어져 색다른 풍경을 연출한다. 2003년 해양수산부의 아름다운 섬 100선에 선정된 바 있으며, 칠산도 괭이갈매기, 노랑부리백로 및 저어새 서식지는 천연기념물 제389호로 지정되어 있다. 염산 향화도항에서 하루 2번 정기여객선이 운항하고 있다.

주소 전라남도 영광군 낙월면 송이길 26
문의 061-350-5981

 천일염전

영광의 천일염은 세계 5대 갯벌 중의 하나로 미네랄 성분이 많은 서해안 갯벌, 풍부한 일조량과 하늬바람이 만들어낸다. 천일염은 보통 4월부터 10월까지 만들어지는데 품질의 우수성만큼이나 염전 풍경도 아름답다. 또한 대규모의 풍력발전 단지가 조성되어 있어 색다른 풍경도 감상할 수 있다.

주소 전라남도 영광군 염산면 칠산로 411
문의 061-350-5739

테마로 만나는 영광
영광의 맛 BEST9

 굴비한정식

영광굴비는 예부터 임금님의 수라상에 오르던 법성포의 제일가는 특산품이다. 산란 시기가 된 조기가 연평도까지 북상하는 도중 칠산 앞바다를 지날 때 살이 오르고 알이 든 가장 좋은 조기를 잡아 말려 굴비를 만들어내며, 굴비구이, 굴비매운탕, 고추장 굴비 등 영광의 대표적 특산품인 영광굴비와 장대찜, 서대찜 등 영광의 풍부한 해산물이 만나 남도의 대표적인 맛을 만들었다. 한상 가득 차려진 굴비한정식은 영광을 찾는 사람이면 누구나 한번쯤은 맛보아야 할 영광의 전통음식이다.

 민물장어

영광에서는 물이 들어오고 나가는 황토갯벌에 장어를 자연 상태로 놓아 18개월 이상을 키운다. 황토갯벌은 해수와 담수가 섞여 어류와 수산생물 등 먹이가 다양하고, 물이 드나들며 장어가 자랄 수 있는 최상의 환경을 만들어 준다. 그 때문에 영광의 장어는 자연산 장어에 가까운 쫀득한 육질과 맛을 자랑한다.

3 간장게장

영광의 간장게장에는 영광 지역에 전통적으로 내려오는 특유의 조리법으로 만든 천연 간장을 사용한다. 신선하고 살과 알이 꽉 찬 좋은 영광 게와 천연 간장이 만나 짜지 않고 담백한 맛을 내어 찾는 이가 많다.

4 청보리한우

영광 청보리한우는 혈통 좋은 송아지에게 친환경 농법으로 재배한 청보리를 베어서 발효시킨 사료를 먹여 키운 것이다. 적당한 운동과 환기를 통해 스트레스를 없애고 청결에 대한 세심한 관리를 통해 품질의 균일성을 확보하여 소비자들에게 높은 신뢰를 얻고 있다.

5 보리떡(빵)

영광에서 자란 찰보리로 반죽을 만든 후 얇게 굽고 팥이나 콩으로 소를 넣어 만든 빵이다. 영광 보리빵은 식이섬유가 풍부하고 간에서 콜레스테롤 합성을 억제해 비만을 방지하고 피로를 이기는 데도 도움을 주는 것으로 알려져, 어린이 간식이나 노인들 건강식으로 찾는 사람이 많다.

테마로 만나는 영광
영광의 맛 BEST 9

 백합

조개의 여왕 백합은 영광에서 연간 30톤 이상 생산되는 영광의 특산품이다. 백합은 회, 죽, 탕, 구이, 찜 등으로 즐길 수 있으며 필수 아미노산이 풍부해 건강식품이나 미용식품으로도 인기가 많다. 특히 봄과 가을의 으뜸 별미로 손꼽힌다.

 보리새우

일명 '오도리'라고 불리는 보리새우는 칠산 바다에서 여름부터 가을 초까지 잡히는 영광의 대표 수산물 중 하나다. 육질이 탄력 있고 맛이 진하며 회, 튀김, 구이, 국, 탕 볶음 등 다양한 요리 재료로 사용되는 고급 새우이다.

맛조개

다른 조개보다 달고 담백하여 더 맛이 있다고 하여 맛조개로 불리며 저칼로리 식품으로 칼슘, 철분, 아연이 풍부하다. 그 맛 뿐만 아니라 캐는 방법 또한 재미있어서 제철음식으로 인기 있다. 영광에서는 낙월도의 송이도에서 많이 잡히며 5~6월, 10~11월에 소금구이나 초무침으로 맛볼 수 있다.

 덕자찜

예부터 영광에서는 덕자를 귀하게 여기고 덕자찜이라는 음식을 만들어 먹었다. 덕자는 병어류의 생선 중 크기가 크고 지느러미의 모양이 크고 검은색을 띠는 것이 특징이다. 병어보다 살이 찰지며, 고소하고 담백한 맛이 일품이다.

테마로 만나는 영광
영광의 살거리 BEST9

영광굴비

영광굴비는 예부터 임금님의 수라상에 오르던 법성포의 제일가는 특산품이다. 산란 시기가 된 조기가 연평도까지 북상하는 도중 칠산 앞바다를 지날 때 살이 오르고 알이 든 가장 좋은 조기를 잡아 좋은 소금으로 간을 하여 최고의 맛을 낸다. 2015년까지 4년 연속 '국가브랜드 대상'을 차지하였다.

2 모싯잎송편

영광에서는 전통적으로 추석에 송편을 만들 때, 모싯잎 즙을 내어 반죽하고 녹두로 소를 넣어 보통 송편보다 2~3배 크게 만들어 함께 나누었다. 빛이 곱고 은은한 향을 내어 영광의 특산품으로 유명하다.

3 천일염

영광군은 염산면과 백수읍 염전에서 소금을 생산한다. 이곳에서 나는 소금은 미네랄이 풍부하고 세계적으로 인정받는 최고의 품질을 자랑한다. 특히 염전 바닥재를 도자기판으로 개선하여 친환경 천일염을 생산하고 있으며, 대한민국 염전 콘테스트에서 입상하기도 하였다.

4 대마할머니 막걸리

영광에서 생산된 보리와 입국을 사용하여 빚은 막걸리로, 영광군 대마면에 주조장이 자리하고 있어 '대마할머니 막걸리'로 불린다. 대마할머니의 친정에서 100년 동안 한약재를 빚던 비법 그대로 전수된 정성이 깃든 막걸리로, 달콤하면서도 톡 쏘는 맛이 일품이다.

5 간척지쌀

간척지쌀은 천혜의 청정지역 서해안 칠산 간척지에서 생산된다. 갯벌을 막아 만든 칠산 간척지에는 패각류의 부산물이 많아 쌀에 다량의 미네랄을 공급한다. 긴 일조 시간과 신선한 바닷바람으로 인해 병충해가 적어 친환경 농법으로 재배하기에 최적의 환경이다. 소비자들의 건강을 최우선으로 생각해 생산, 가공, 유통 등도 철저히 관리하는 정직한 쌀이다.

테마로 만나는 영광
영광의 살거리 BEST 9

 영광딸기

친환경 유기농 농법으로 재배되고 있는 영광딸기는 비타민C가 풍부해 여성 미용과 성인병 예방에 좋다. 일조량이 많아 색이 붉으며, 딸기는 씹는 맛이 무르지 않고 단단하다. 향이 진하고 당도가 높아 시지 않고 달콤해 찾는 이가 많은 딸기이다.

 태양초 고추

전국 3대 고추 시장을 형성하는 영광의 고추는 친환경 농법으로 재배하여 색이 붉고 육질이 두텁고 윤기가 나며 감칠맛이 난다. 태양초 고추를 햇빛에서 자연건조한 후, 최첨단 고춧가루 가공 공장에서 공기 세척, 증기 세척을 거쳐 이물질과 잔류 농약을 제거하고 첨단 금속 검출기로 각종 유해 금속을 제거한 태양초 고춧가루는 청결함을 갖춘 일품 고춧가루이다.

8 찰보리쌀

영광은 전라남도 최대의 보리 주산지로, 영광 찰보리는 영광을 대표하는 진상품 중 하나이다. 영광 찰보리쌀은 1994년 농촌진흥청에 의해 개량된 찰보리를 영광에서 재배한 것으로, 밥을 지을 때 물에 불리거나 한 번 더 삶아야 하는 불편함을 개선한 것이 특징이다. 또한 영광 찰보리쌀은 베타글루칸, 철분, 무기성분 등이 다량 함유되어 있으며, 알이 굵고 찰성 비율이 높아 맛좋은 쌀을 찾는 소비자에게 인기가 높다.

9 설도젓갈

영광군은 매년 3천 톤 이상의 젓갈이 생산되는 곳이다. 영광 설도젓갈은 근해에서 어획한 싱싱한 수산물과 미네랄이 풍부해 세계적으로 인정받는 우수한 품질의 영광 천일염으로 가공해 맛이 고소하여 전국적으로 명성이 높다. 특히 새우가 가장 살찌는 6월에 잡아서 만든 새우 육젓의 인기가 좋으며, 그 외에도 종류가 다양하다.

테마로 만나는 영광
영광의 산

 불갑산

불갑산은 원래 산이 낮고 산의 형상이 부드러워 '산들의 어머니'라는 뜻에서 '모악산'이라고 불렸다. 후에 불갑사가 지어지면서 산 이름도 불갑산이란 이름을 얻게 되었다. 불갑산은 남녀노소 누구나 걸을 수 있는 산으로 특히 상사화가 필 때의 광경이 아름답다.

 태청산

태청산은 영광에서 제일 높은 산으로, 산 정상 주위로 뾰족하게 솟은 닭 벼슬 모양의 바위들이 장관을 이룬다. 정상이 바위로 되어 있어 정상을 오르는 길이 가파르지만, 기암괴석으로 이뤄진 까닭에 탁 트인 경치를 볼 수 있다. 영광읍을 비롯하여 멀리 백수읍과 홍농읍 앞바다까지 조망되어 영광의 산 중에서도 풍광이 가장 멋진 곳이다.

3 장암산

태청산과 연결되어 있는 장암산은 기암괴석이 가득한 태청산과 달리 부드러운 산세를 지니고 있으며, 편백나무 숲이 뿜어내는 청량한 기운은 산행을 보다 즐겁게 한다. 특히 장암산 정상까지는 철쭉 군락지로 산 위에 꽃동산이 펼쳐져 아름다운 자태를 자랑한다.

4 구수산

구수산은 정상 봉화령에서 내려다보면 드넓은 평야와 칠산바다가 한눈에 들어오고 백수해안도로가 눈앞에 펼쳐지는 아름다운 산이다. 구수산의 아홉 봉우리는 원불교의 창시자 소태산이 아홉 제자들과 함께 기도를 올린 곳으로 성스럽게 여겨지고 있으며, 옥녀봉에는 원불교의 상징인 원이 새겨져 있다.

5 봉대산

나라의 위급한 소식을 연기로 피워 중앙에 전하던 봉수(봉대)가 있는 산이라고 하여 봉대산이라 부른다. 봉우리가 부드럽고 수림이 아름다워 찾는 이가 많다. 특히 정상에서 볼 수 있는 서해안 노을이 만들어내는 풍경은 황홀하기까지 하다. 이곳에서 매년 초 진행하는 해맞이 축제는 지역 주민과 산을 좋아하는 사람들 모두에게 인기가 좋다.

테마로 만나는 영광
조선시대 건축여행

 영광 매간당 고택 국가중요민속문화재 제234호

연안 김 씨 종택인 매간당 고택의 대문은 고종 5년(1868) 건립된 것으로 솟을대문 위에 한 칸 규모의 효자각을 올린 2층 누각이 있다. 효자각 네 귀퉁이에 여의주를 문 용이 승천하는 용두와 구름모양의 공포가 결구되어 외관이 화려하다. 매간당 고택은 조선 후기 양반 가옥의 구조와 그들의 생활양식을 잘 알 수 있는 지방 상류 가옥 연구의 매우 귀중한 자료이다.

주소 전라남도 영광군 군남면 동간길2길 83-1

 영광 신호준 가옥 전라남도 민속자료문화재 제26호

신호준 가옥은 안채를 비롯하여 사랑채, 사당, 곡간채, 진광채, 안측간채, 방아실채, 행랑채, 사랑측간채, 중문간채, 솟을대문간채로 총 11동으로 조선시대 양반집 구조가 그대로 남아있다. 신호준 가옥은 문화재로 보존가치를 인정받아 1988년 6월 1일 전라남도 민속자료문화재 제26호로 지정되었다.

주소 전라남도 영광군 영광읍 입석1길 151-16

3 영광 이규헌 가옥 전라남도 민속자료문화재 제22호

이규헌 가옥은 이효상이 영광에 정착한 이후 500여 년간 20대손이 현재까지 살고 있다. 가옥은 남쪽으로 완만하게 경사진 대지 위에 남향으로 건물을 배치하였으며 3칸의 솟을대문인 정문과 안채, 사랑채, 사당, 호제집(노비들의 집)이 있어 조선시대 민가의 형식을 갖추고 있다. 솟을대문은 숙종 때 이상호의 지극한 효성을 기려 세운 정려문이다.

주소 전라남도 영광군 묘량면 묘량로4길 36

4 영광향교 전라남도 유형문화재 제125호

영광향교는 1592년 임진왜란에 불에 타 없어진 것을 다시 복원했다. 현재 남아있는 건물은 대성전, 동무, 서무, 명륜당, 동재, 서재 등이 있는데 서울에 있는 성균관이 정종 2년(1400)에 화재로 손실된 후 태종 7년(1407)에 복원을 하면서 영광향교의 배치를 참고했다고 한다. 향교 안의 건축물은 앞쪽으로 대성전을 두고 뒤쪽에 명륜당이 있는 전묘후학 형식이다.

주소 전라남도 영광군 영광읍 향교길 32

PART2.
별책부록

영광군 찾아가는 길
모범 음식점
추천 숙소
영광군 지도

영광 어떻게 갈까?

서울에서 영광으로 가는 교통편은 항공과 철도 모두 광주에서 하차 후 영광행 시외버스로 환승해야 한다. 단 서울에서 출발하는 고속버스는 영광으로 바로 갈 수 있다. 대전, 대구, 인천, 부산에서 영광으로 가는 대중교통편을 이용하는 경우에도 모두 광주에서 하차하여 영광행 시외버스로 환승해야 한다.

교통정보

▶ **서울 출발**

고속버스 3시간 30분~4시간 소요
1. 센트럴시티터미널(강남)-영광종합터미널 운행시간 07:00~22:00(1일 11회)
2. 동서울종합터미널-영광종합터미널 운행시간 09:10, 16:20(1일 2회)

철도 약 1시간 50분 소요
①KTX 용산역-광주송정역 운행시간 05:10~22:55(1일 35회)
②SRT 수서역-광주송정역 운행시간 05:10~23:00(1일 20회)
※광주송정역에서 영광행 시외버스 환승
광주송정역-영광종합터미널 운행시간 11:15, 12:45, 14:45, 16:55(1일 4회)

승용차 약 300km, 3시간 30분 소요
1. 서울-서해안고속도로-영광TG -영광
2. 서울-경부고속도로-논산천안고속도로-서천공주고속도로-서해안고속도로-영광TG-영광

항공 김포-광주, 50분 소요
※광주 유스퀘어광주버스터미널에서 영광행 버스 환승

▶ **대구 출발**

승용차 약 250km, 3시간 소요
대구-중부내륙고속도로-광주대구고속도로-고창담양고속도로-서해안고속도로-영광TG-영광

고속버스 광주까지 2시간~2시간 30분 소요
①대구서부터미널-유스퀘어광주버스터미널 운행시간 07:10~19:30(1일 9회)
②동대구터미널-유스퀘어광주버스터미널 운행시간 06:00~22:40 (1일 24회)
※유스퀘어광주버스터미널에서 영광행 버스 환승

▶ 광주 출발
승용차 약 50km, 50분 소요, 광주-22번 국도-영광

시외버스 50분~1시간 소요
① 유스퀘어광주버스터미널-영광종합터미널 운행시간 06:00~22:05(1일 32회)
② 광주송정역-영광종합터미널 운행시간 11:15, 12:45, 14:45, 16:55(1일 4회)

▶ 인천 출발
승용차 약 300km, 3시간 30분 소요, 인천-서해안고속도로-영광TG-영광

고속버스 광주까지 3시간 30분 소요
인천종합터미널-유스퀘어광주버스터미널 운행시간 06:00~23:00(1일 25회)
※유스퀘어광주버스터미널에서 영광행 버스 환승

▶ 대전 출발
승용차 약 160km, 2시간 소요, 대전-호남고속도로-내장산TG-영광

고속버스 광주까지 2시간~2시간 30분 소요
①대전복합터미널-유스퀘어광주버스터미널 운행시간 06:00~22:00(1일 26회)
②유성터미널-유스퀘어광주버스터미널 운행시간 06:10~20:50(1일 18회)
※유스퀘어광주버스터미널에서 영광행 시외버스 환승

▶ 부산 출발
승용차 약 300km, 3시간 30분 소요
부산-남해고속도로-호남고속도로-고창담양고속도로-남고창TG-영광

고속버스 광주까지 3시간 소요
서부산(사상)터미널-유스퀘어광주버스터미널 운행시간 05:55~22:30(1일 27회)
※유스퀘어광주버스터미널에서 영광행 시외버스 환승

직행버스
광주-영광 (50분 소요, 1일 32회)
목포-함평-영광 (1시간 20분 소요, 1일 20회)
전주-정읍-영광 (2시간 30분 소요, 1일 21회)
군산-영광 (1시간 30분 소요, 1일 6회)

모범음식점&추천숙박

🍴 모범음식점

업소명	주소	문의	주메뉴
갈매기식당	법성면 진굴비길 46	061-356-7991	한정식,탕
국제식당	법성면 굴비로 80	061-356-4243	굴비한정식
노을	백수읍 해안로 565-9	061-353-1122	경양식
조 선 옥	영광읍 물무로 167	061-351-2224	갈비,탕반류
다랑가지식당	법성면 굴비로1길 62-8	061-356-5588	굴비,꽃게장한정식
문정한정식	영광읍 중앙로5길 16-10	061-352-5450	굴비한정식
여수회관	영광읍 물무로2길 47	061-351-4097	생선회,탕반류
영빈부페	영광읍 천년로12길 47	061-353-9090	뷔 페
바우네 나주곰탕	영광읍 천년로12길 31	061-353-7661	탕반류
한울타리	법성면 굴비로 7	061-356-2590	굴비정식, 찜
법성포굴비정식	법성면 법성포로 7	061-356-7575	굴비한정식
월봉재	법성면 굴비로 87	061-356-7660	굴비한정식
전주현대옥	영광읍 신남로 155	061-351-3335	탕반류
영광청보리한우프라자	영광읍 신남로4길18(2층)	061-351-8292	육류구이
밀냉전문점	영광읍 대하길 99	061-353-1331	탕반류
놀부보쌈 부대찌개	영광읍 신남로 155	061-352-5382	탕반류
국일관	영광읍 대하길4길10	061-351-2020	굴비정식
영광굴비정식	법성면 법성포로3길 6-5,1층	061-356-8882	굴비한정식
이바돔영광점	영광읍 신남로 155	061-352-0079	감자탕
황금돼지	영광읍 중앙로 3길 5-12,1층	061-352-3392	육류구이
정일품	법성면 굴비로4길 5-2,2층	061-356-5545	굴비한정식
만선횟집	영광읍 천년로10길 41	061-351-0070	생선회
풍성한 집	법성면 법성포로3길 60	061-356-0733	굴비한정식
THE바른한우	영광읍 중앙로 22	061-351-9252	육류구이
동원정	법성면 법성포로3길 12-19	061-356-3323	한정식
오늘의 바다 굴비정식	법성면 굴비로1길 12	061-356-4746	굴비백반
보리향기	불갑면 불갑사로 350	061-353-6327	닭백숙, 칼국수
수산물회백화점	영광읍 현암길 46	061-351-3655	생선회
백수식당	백수읍 천마길 11-1	061-352-7551	백합죽
굴비로정식	법성면 굴비로 63	061-356-2814	굴비정식
신법성토우	법성면 법성포로3길 26-9	061-356-8424	굴비정식
인의정	법성면 법성포로2길 26-11	061-356-0321	굴비한정식

추천숙박 호텔, 모텔, 여관, 펜션

업소명	주소	문의
궁전파크여관	영광읍 신남로 245	061-351-2248
금수장여관	영광읍 신남로 231	061-351-7676
서해장모텔	염산면 천년로1길 15	061-353-2550
휴 모텔	홍농읍 연우로 328	061-356-1410
세종모텔	영광읍 중앙로 147-2	061-352-1119
로얄모텔	영광읍 천년로11길 16	061-352-0737
백제모텔	영광읍 함영로 3492	061-352-9696
태정모텔	영광읍 현암길 45-7	061-353-1013
샤인모텔	영광읍 천년로12길 51-1	061-351-1308
도원모텔	영광읍 대하길 23-7	061-353-3008
미성모텔	영광읍 천년로12길 37	061-353-4242
신라모텔	영광읍 옥당로 146-18	061-353-3333
해성장	영광읍 신남로 271-4	061-353-3696
힐싸이드모텔	홍농읍 홍농로 340	061-356-0514
반도모텔	법성면 굴비로3길 69	061-356-0993
스카이	영광읍 옥당로 138	061-353-4468
청수모텔	법성면 굴비로4길 3, 1148-14	061-356-6700
필모텔	군서면 영광로 1376	061-351-2683
팔레스모텔	영광읍 천년로11길 6	061-351-5300
그리스모텔	영광읍 천년로12길 9	061-351-1010
영광글로리관광호텔	영광읍 옥당로 74	061-351-8700
카리브모텔	영광읍 대하길2길 38	061-353-1400
천지모텔	홍농읍 홍농로 583	061-356-6778
시카고 모텔	영광읍 천년로12길 57	061-351-7300
두리팬션신관	염산면 칠산로 817	061-353-2400
천년의정원	영광읍 천년로11길 58	061-351-2311
영광C.C골프텔	백수읍 해안로 1362-70	061-350-2000
골든비치모텔	법성면 법성포로 71-9	061-356-0101
장원여인숙	영광읍 중앙로3길 1-1	061-351-3871
해비치모텔	법성면 법성포로 8-27	061-356-1717
칼튼모텔	영광읍 천년로12길 6	061-353-8886
아이리스 모텔	영광읍 천년로11길 34	061-351-9777

추천숙박 호텔, 모텔, 여관, 펜션

업소명	주소	문의
초원모텔	영광읍 물무로2길 37	061-351-1644
전주여인숙	영광읍 천년로13길 38-34	010-3608-3255
귀빈장	영광읍 신남로 237	061-352-7353
C무인텔	백수읍 해안로5길 29	010-8000-9449
CC무인텔	백수읍 해안로5길 31	010-8000-9449
알로하무인텔	백수읍 해안로 608-6	061-352-0002
팅커벨 무인호텔	법성면 법성포로 27	061-356-0007
썸 무인호텔	영광읍 천년로12길 58, 2~6층	010-9430-9901
더원호텔	법성면 법성포로 32, 1동	061-353-8500
영광온천장	영광읍 신남로3길 12	061-351-0164
송이도친환경가족펜션	낙월면 송이길 47-10	010-4620-0086
영광리조트	법성면 입덕길 78-37	061-356-5600
영광힐링컨벤션타운	불갑면 자비길 51-38	061-353-4476
썸 무인호텔	영광읍 천년로12길 58, 7층	010-9430-9901

추천숙박 야영장

업소명	주소	문의
가마미 야영장	영광군 홍농읍 가마미로 341-6	061-356-1020
대덕관광농원	영광군 법성면 대덕길2길 105	010-2090-3070
궁지골 농원	영광군 묘량면 밀재로7길 140	061-351-3592
프로방스펜션	영광군 백수읍 해안로 677	070-4239-0677
OK가족캠핑장	영광군 대마면 영장로 10길 4	061-352-0700
국민여가캠핑장(휴파크)	영광군 백수읍 법백로 39	010-8242-7756

추천숙박 한옥민박

업소명	주소	문의
오유당	영광군 백수읍 백수로 7길 15	061-351-1727
라쉼	영광군 법성면 숲쟁이길 77-10	010-2622-3399
복덕전	영광군 법성면 숲쟁이길 77-8	010-9068-3090
서인전	영광군 법성면 숲쟁이길 77-20	010-2023-3387
이화원	영광군 법성면 숲쟁이길 77-12	010-6652-3090
숲쟁이펜션	영광군 법성면 숲쟁이길 77-22	061-356-5489
영제전	영광군 법성면 숲쟁이길 77-14	010-9068-3090
오가네	영광군 법성면 숲쟁이길 77-19	010-6507-1957
외갓집	영광군 법성면 숲쟁이길 77-15	010-6350-4666
종갓집	영광군 법성면 숲쟁이길 77-17	010-9068-3090
흰빛민박	영광군 법성면 숲쟁이길 77-16	010-3626-6505
도담	영광군 법성면 용덕로3길 488	061-356-5786

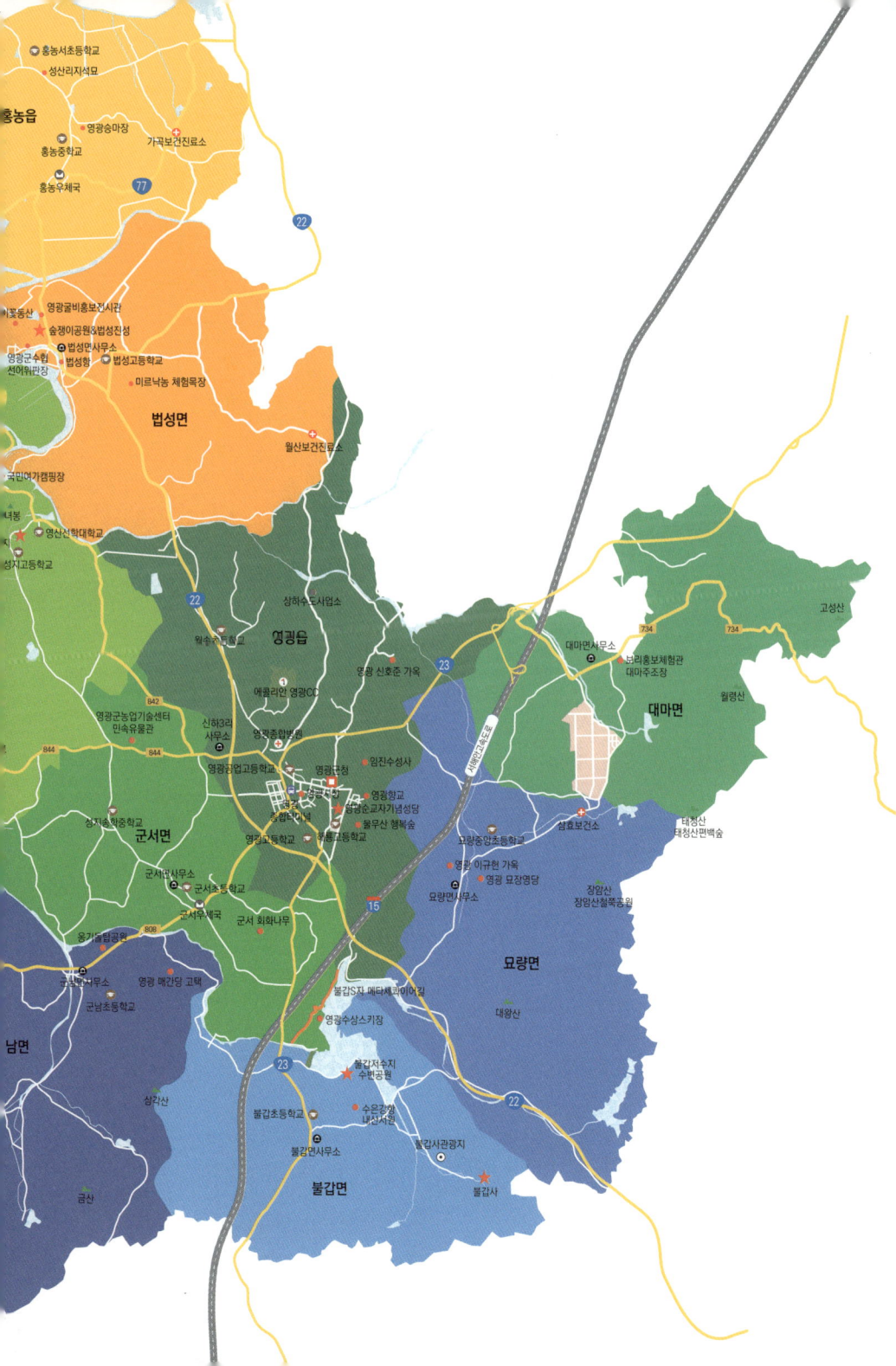

발행일
1판 1쇄 2018년 12월 15일
2판 1쇄 2020년 5월 15일

글/사진 양소희
디자인 편집/삽화 한지민
캘리그라피 김연희
지도 작업 김태은
감수 이헌미 교수(서강대학교 트랜스내셔널인문학연구소)
사진 강경민, 영광군청 제공

펴낸곳 여행연구소
ISBN 979-11-958187-7-8

※이 책에 수록된 글과 사진은 저작권법에 의해 보호를 받는 저작물이므로 동의 없이 무단 전재와 무단복제를 금합니다.
※본 서적은 영광군청 지원으로 출판되었습니다.